ATHLONE RENAISSANCE LIBRARY

French Renaissance Scientific Poetry

ATHLONE RENAISSANCE LIBRARY

MARGUERITE DE NAVARRE
Tales from the Heptaméron
edited by H. P. Clive

CALVIN
Three French Treatises
edited by Francis M. Higman

D'AUBIGNÉ
Les Tragiques (selections)
edited by I. D. McFarlane

JEAN DE LA TAILLE
Dramatic Works
*edited by Kathleen M. Hall
and C. N. Smith*

ANTOINE DE
MONTCHRESTIEN
Two Tragedies
edited by C. N. Smith

French Renaissance
Scientific Poetry
edited by Dudley Wilson

PIERRE DE RONSARD
Selected Poems
*chosen and edited by
Christine M. Scollen*

Tudor Verse Satire
edited by K. W. Gransden

Selected Writings of
FULKE GREVILLE
edited by Joan Rees

Four Tudor Interludes
edited by J. A. B. Somerset

Sonnets of the
English Renaissance
edited by J. W. Lever

French Renaissance Scientific Poetry

edited by

DUDLEY WILSON
University of Durham

UNIVERSITY OF LONDON
THE ATHLONE PRESS
1974

Published by
THE ATHLONE PRESS
UNIVERSITY OF LONDON
at 4 Gower Street, London wc1

Distributed by
Tiptree Book Services Ltd
Tiptree, Essex

U.S.A. and Canada
Humanities Press Inc
New York

© *Dudley Wilson* 1974

0 485 13808 5 *cloth*
0 485 12808 x *paperback*

Printed in Great Britain by
WESTERN PRINTING SERVICES LTD
BRISTOL

CONTENTS

II THE HEAVENS

Meteorology and Astronomy

Mathematics and Music

III THE POET AS MAGUS

His Vision and Interpretation of the Universe

INTRODUCTION

Pource qu'il me semble, l'homme ne pouvoit souhaiter, ny recevoir plus grand bien, que la vraye cognoissance des choses, je juge heureuse & desirable la condition de celuy qui coule sa vie avec les sciences, comme en l'exercice pour lequel l'homme est bien expressément nay, & duquel sur tous les animaux il est uniquement doué. Car nous serions inutilement dressez par Nature au milieu de cest admirable theatre mondain, la face droite, les yeux hauts & clairs, le col flexible en toute part, & la personne entiere, agile à se tourner en rond, si nous ne regardions en diligente consideration toutes les substances de ce monde, courbé pour s'offrir plus commodément à nostre veue . . . l'homme est nay pour contempler le monde.[1]

> Il n'est beauté en Nature universe,
> Il n'est secret en Science diverse,
> Que par les Vers plains de grave douceur,
> N'en soit à tous le Poète annonceur.[2]

Definitions are difficult to establish in a century which is not greatly preoccupied with such things, and we have been unable to find any satisfactory definition of scientific poetry[3] or indeed of science itself in the various writings we have studied. To say that science equals knowledge does not help us very much. Perhaps we should say straight away what the poetry in this anthology will illustrate abundantly—that the science of this age is an amalgam of science, philosophy and magic and that the scientific poet is best seen as the Magus who interprets a personal vision of these aspects of the universe. Certain it is that the border-line between science and magic, between observation and vision, is by no means clear at this time—one may perhaps be tempted to suggest that it has become over-clarified in later ages. The Renaissance scientist is not the man who evaluates by quantity and who attains his ends (foreordained as they may be) by experiment. He is rather the visionary who comprehends the cosmos, deeming the whole to be more interesting than any of its separate details. He is content to abandon investigation and analysis in favour of the discovery of creation as a whole with all its correspondences, those intricate relationships between its various parts and man himself which are implied in the concept of the microcosm and which symbolize the workings of the Creator.

Method at this time is a method for classifying what is there, and there can be no question of the cartesian determination to devise a method for proceeding towards truth. Interpretation overwhelms investigation. Phenomena are there to be explained, indeed to be explained away, but this explanation is arrived at in the light of the great, self-evident philosophic and religious commonplaces. Even these, of course, have to be veiled for many reasons and the *théologie allégorique*[4] which Ronsard considers to be the essence of poetry must inevitably be expressed indirectly.

Science then is never more clearly defined than it is in the passages from Tyard and Peletier which head this introduction. The idea of scientific poetry as a genre was really given standing by Albert-Marie Schmidt in his thesis, *La Poésie scientifique en France au seizième siècle*, but even this work does not define the genre and Schmidt's subsequent attempts to establish a distinction between *science* and *haute science*[5] have proved impossible to sustain. The esoteric and the magical are continually intruding upon the field of science as we apprehend the term. When to science we add poetry, the picture is by no means clarified.

A type of the early and influential classical definitions of poetry is to be seen in Plato's *Symposium* where Diotima makes it clear that, although all creative writers invent, arrange, create and persuade, expressing their own and others' emotions in words, the poet is to be distinguished from them because he alone expresses himself musically and this music is the essential of his art. This basic view of poetic creation is expressed frequently and unwaveringly, although perhaps with less emphasis than it deserves throughout the late Middle Ages and early Renaissance.[6] The French sixteenth century adds a number of aspects, the most commonly known and most important of which would seem to be the neoplatonic doctrine of the Furies, culled possibly from Ficino.[7] In his *Ode à Michel de l'Hospital*, Ronsard sees the poet as being possessed by all four of these:

> Affin (o Destins) qu'il n'advienne
> Que le monde appris faulcement,
> Pense que vostre mestier vienne

> D'art, & non de ravissement:
> Cét art penible, & miserable
> S'eslognera de toutes pars
> De vostre mestier honorable,
> Demambré en diverses pars,
> En Prophetie, en Poesies,
> En Mysteres, & en Amour,
> Quatre fureurs, qui tour à tour
> Chatouilleront voz fantasies.[8]

Alongside this common poetic theme of the mid-century are to be found the doctrines relating to the poet's need for solitude, expressed thus by Du Bellay:

Bien te veux-je avertir de chercher la solitude & le silence amy des Muses, qui aussi (affin que ne laisses passer cete fureur divine, qui quelquesfois agite & echaufe les espris poëtiques, & sans la quele ne fault point que nul espere faire chose qui dure) n'ouvrent jamais la porte de leur sacré cabinet, si non à ceux qui hurtent rudement[9]

and to the indissoluble link between the man of letters, especially the poet, and melancholy. This appears medically and astrologically in Ficino's *De triplici vita*. Chapters three and four of this work are entitled (in Lefèvre de la Boderie's translation): *Que les hommes de lettres sont sujets à la pituite, & à la melancholie* and *Combien il y a de causes pour lesquelles les hommes lettrez sont ou deviennent melancholiques*.[10] It also appears poetically in the work of Ronsard. In 1560:

> Pour elles (les Muses) à trente ans j'avoys le chef grison,
> Megre, palle, deffaict, enclos en la prison
> D'une mélencolicque & reumaticque estude,
> Renfrongné, mal-courtois, sombre, pensif, & rude . . .[11]

And, four years later:

> Je suis tout aggravé de somne & de paresse,
> Inhabile, inutile: & qui pis, je ne puis
> Arracher cest humeur dont esclave je suis.
> Je suis opiniastre, indiscret, fantastique,
> Farouche, soupçonneux, triste & melancolicque,
> Content & non content, mal propre, & mal courtois . . .[12]

Thus the poet appears as the great magician, the solitary melancholic and this picture emerges clearly from our anthology.[13]

Of the seven ways of detaching the soul from the body in its pursuit of mystic contemplation Lefèvre de la Boderie tells us that the third is through melancholy and the fifth mainly through solitary contemplation. Thus the poet is a voracious seeker out of the enigmatic. Sometimes this urge receives what might seem to be disingenuous expression, as in the *Anagrammatismes* which appear at the end of Lefèvre's *Encyclie des secrets de l'éternité*.[14] Although many of these seem to exist merely in order to praise famous men it is possible that they may also owe at least a part of their existence to the doctrines expressed in Plato's *Cratylus*. However, among Lefèvre's most enigmatic writings are the *chants royaux* with which he won various prizes at the Rouen *Puy*.[15] Here we must not attach too much weight to the too famous words of Du Bellay in the *Deffence*: '. . . me laisse toutes ces vieilles poësies francoyses aux Jeuz Floraux de Thoulouze et au Puy de Rouan: comme rondeaux, ballades, vyrelaiz, chants royaulx, chansons, et autres telles episseries . . . ,[16] and we must acknowledge the mystic fervour and the high poetic quality of Lefèvre's own contributions to the *Puy de l'Immaculée Conception de Nostre-Dame* in Rouen.[17]

There are then many sides to these demoniacal whisperings, these theological allegories. And we must not become so overwhelmed by these mysteries as to exaggerate their importance for the Renaissance poet. There are many excellent reasons for veiling the great truths and mysteries of religion—Leo the Jew adduces five of these in the second of his *Dialogues on Love*[18]—and there are many sides to poetic inspiration. The Renaissance was ever poised on the brink between truth and wit. Thus, at the end of the volume in which the *Ode à Michel de l'Hospital* appeared for the first time (*Le Cinquiesme livre des odes*, 1552), we have the *Voyage d'Hercueil* in which a somewhat different picture is created. Here emphasis is laid on the Bacchic Fury, and the use of wine and *charcuterie* balance, for some of the *Brigade*, other more saintly furies:

> Mais moy dont la basse Idée
> N'est guindée
> Dessus un cable si hault,
> Qui ne permet que mon ame
> Se r'enflamme
> De l'ardeur d'un feu si chault,

En lieu de telles merveilles,
  Deux bouteilles
Je pendray sus mes rougnons,
Et ce Hanap à double anse,
  Dont la pance
Fait bruncher mes compaignons.[19]

This willingness to hear both sides of the question may remind us fleetingly of *Twelfth Night*, that repository of Elizabethan notions on music and melancholy:

Sir Toby. Does not our life consist of the four elements?
Sir Andrew. Faith, so they say—but I think it rather consists of eating and drinking.
Sir Toby. Th'art a scholar; let us therefore eat and drink.[20]

And when we read the final passage in our anthology, from Ficino's *De triplici vita* we need attend only with half an ear to its undoubtedly heretical overtones and the reader, involved as he is in the worship of the sun's rays, the smell of sweet odours and the judicious drinking of wine, need not perhaps concern himself overmuch with the thought that natural magic is here giving way to necromancy.

CHOICE AND ESTABLISHMENT OF TEXTS

There are many long scientific poems published during the latter half of the sixteenth century. Their authors have set about their task in various ways. In Du Bartas' *Sepmaine*[21] we have a picture of the creation of the world. In Maurice Scève's *Microcosme*[22] we have a history of the universe from biblical times, beginning with Adam and Eve. Peletier du Mans, in his *Louange de la Sciance*, expounds the seven liberal arts and the Meteorologies of Baïf and Isaac Habert and Peletier du Mans' *Amour des amours* present us with a picture of the cosmos.[23] Lefèvre de la Boderie, whose *Encyclie des secrets de l'éternité* and whose *Galliade, ou de la revolution des arts et des sciences* figure largely in this anthology, has combined virtually all aspects of Renaissance science, not excluding magic, in these two long, rambling poems, both dominated by largely mathematical preoccupations.

That most scientific poets of this period should have chosen to express themselves at such length has not helped our task. It is a general principle of most anthologies that only whole poems shall be chosen. However as the encyclopedic element is essential (and fascinating in itself) we have thought to represent it by selected passages from the work of one poet only—Lefèvre de La Boderie—whose work is not as well known as it should be and who writes eruditely and well. Furthermore his investigation and presentation of the cosmos is very much on the borderline between science and magic, and his work makes us conscious of the serious importance for the Renaissance thinker and scientist of the *prisca theologia*,[24] that current of philosophical, theological and mystical belief centred around the names of Zoroaster, Mercurius, Orpheus, Pythagoras, Iamblichus, Procul, Hermes Trismegistus, Dionysius the Areopagite and others which is held by the Renaissance to be a pre-Christian foreshadowing of Christian doctrine and belief.

Our main aim in this anthology has been to collect together good, interesting poems in such a way as to illustrate a number at least of the many sides of Renaissance knowledge. We have been obliged to omit many aspects of science. Our chief concern has been with the quadrivium, that part of the seven liberal arts which comprises the mathematical arts: arithmetic, geometry, astronomy and music, and most of the chosen poems refer to this domain. There is at the time a great feeling which is borne out by the first two poems of the anthology that the chief aim of science and learning is to get nearer to God—indeed this is the chief aim of existence itself—and to achieve this aim magic is at least as much use as (bare) science. There is little technological poetry; indeed, as science is dominated by philosophy and meditation the idea of possible physical discovery has little importance.

Much of the poetry we have chosen is at first sight descriptive, but it is rare for poetry to be purely descriptive and such poets as Peletier du Mans and Rémy Belleau have a further moral and didactic aim which to them is more important.

Science pervades all thought and all feeling at this time and we have wished to illustrate this by including a number of love poems of various kinds which are also and essentially scientific poems.

With regard to the establishment of the text of the poems and passages we have chosen, we have in every case cited in the following list the edition which has acted as a basic for our text. We have not attempted a critical edition of these texts, being far too aware of the insoluble nature of the problems involved and not considering it necessary for such an anthology. We have in fact followed the usual conventions in distinguishing between i and j, u and v, according to modern usage, and in resolving abbreviations. Where necessary to the sense we have made minor textual modifications without informing the reader, and occasionally and for the same reason we have modified the punctuation. In the case of the Peletier du Mans texts we have entirely modified the text as it was impossible and perhaps even undesirable to reproduce the special fount of type employed.

We have taken our texts from the following editions:

Belleau, *L'Huistre* (p. 38) from *Les odes d'Anacreon Teien* (Paris, A. Wechel, 1556), pp. 74-7. *La Perle* (p. 40), *La Pierre d'aymant* (p. 44) from *Amours & nouveaus eschanges des pierres precieuses* (Paris, M. Patisson, 1576), ff. 10r-17v.

Bretonnayau, *Des Hemorrhoides, & leur cure* (p. 51) from *La Generation de l'homme et le temple de l'ame* . . . (Paris, Abel l'Angelier, 1583), ff. 159r-161r.

D.Aubigné, *Stances* (p. 61) from *Le Printemps 'poëme de ses amours'*, ed. C. Read (Paris, 1874), p. 43.

Des Periers, *Le Blason du Nombril* (p. 70) from *Recueil des œuvres* (Lyons, Jean de Tournes, 1544), p. 79.

Eustorg de Beaulieu, *Le troisiesme Blason, des Dentz* (p. 69) from *Les divers rapportz* (Lyons, Pierre de Sainte Lucie, 1537), f. xcvr.

Maclou de la Haye, *Cinq blasons des cinq contentemens en Amour* (p. 74) from *Les Œuvres* (Paris, Estienne Groulleau, 1553), ff. 27v-30v.

Lefèvre de la Boderie. The poems and passages selected come from: *L'Encyclie des secrets de l'éternité* (Antwerp, C. Plantin, 1571), *La Galliade, ou de la revolution des arts et sciences* (Paris, G. Chaudiere, 1578), *Hymnes ecclésiastiques* (Paris, Robert le Magnier, 1578), *Les trois livres de la vie* (Paris, Pierre le Voirier, 1581); (this is a translation of Ficino's *De triplici vita*).

Marguerite de Navarre. The passage selected (p. 33) comes from *Dernières poésies* (Paris, 1896), pp. 145-9.

Peletier du Mans. The poems selected are: *La Rosée* (p. 85), *La Lune* (p. 86), *Vénus* (p. 88), all from *L'amour des amours* (Lyons, Jean de Tournes, 1555), pp. 79-80; 91-3; 95-102; and *A ceux qui blament les Mathematiques* (p. 116) from *Les œuvres poétiques* (Paris, M. Vascosan, 1547), ff. 77v-78v.

Ronsard. The poems selected are: *La Salade* (p. 55) from *Le sixieme livre des poemes* (Paris, Jean Dallier, 1569), ff. 22v-25v. *Le Chat* (p. 78) from the same, ff. 10r-13r. *Hymne des astres* (p. 99) from *Les Hymnes* (Paris, A. Wechel, 1555), pp. 125-35. *L'Œuf* (p. 98) from *Œuvres de*

1578 (Paris, G. Buon), vol. I, *Amours diverses*, p. 613. *Hymne de l'Eternite* (p. 129) from *Les hymnes, Le second livre*, pp. 1–7. *Elegie au Seigneur l'Huillier* (p. 133) from *Les poemes*, vol. III of the *Œuvres* (Paris, G. Buon, 1560), ff. 37r–39v.

Mellin de Saint-Gelais, *D'un œil* (p. 73) comes from *Œuvres poëtiques* (Lyons, A. de Harsy, 1574), p. 29.

Scève. The poems selected are: *Blason du souspir* (p. 105) from *Blasons anatomiques du corps féminin* (Paris, C. l'Angelier, 1550), f. 18r. Various dizains (pp. 107ff.) from *Délie, object de plus haulte vertu* (Lyons, A. Constantin, 1544).

Sponde, *Stances* (p. 62), *Sur sa fievre* (p. 64) from *Premier recueil de diverses poesies tant du feu sieur de Sponde, que de* ... (Rouen, Raphael du Petit Val, 1604), pp. 35–7, 38–9.

Tyard, *Les roses de son Isle* (p. 59) from *Œuvres poetiques* (Paris, Galiot du Pré, 1573), pp. 152–4. *De ses affections* (p. 94) from the same, pp. 134–40.

THE ARRANGEMENT OF THE ANTHOLOGY

Throughout this anthology we have tried to classify and to introduce certain divisions and headings for the sake of greater clarity and convenience. Inevitably the borderlines between these divisions are blurred, for the universe is observed and recorded by the poet, and cosmos and microcosm merge into one another. Indeed scientific poetry is rarely a distinct genre at this time, as the scientific way of thinking, feeling and writing invades all forms of poetry. Not merely the images but the whole emotional structure of much love poetry, for example, seems designed to illuminate a world held together by a network of correspondences and we have chosen a number of striking examples of this inter-marriage between science and love poetry, ranging from the pretty conceit developed in Ronsard's sonnet, 'Je vous envoie un œuf . . .' to Mellin de Saint-Gelais' *Blason d'un Œil* and Maurice Scève's *Délie*. We have tried to make the anthology as a whole as varied as possible in subject-matter and in tone, but even so, many aspects of what might be described as day-to-day scientific experience have had to be omitted. We particularly regret the omission of poems about animals and birds, but felt it better entirely to omit this aspect of scientific description, as it would have been impossible to illustrate it adequately. We refer the reader to Hélène Naïs' excellent thesis, *Les animaux dans la poésie française de la Renaissance*[25] which deals not only with description but also with 'symbolic' and bestiary elements which are still very popular during the Renaissance. Despite deceptively simple titles, most of the poems chosen are to some degree esoteric. Even so straightforward a poem as *Des Dentz* has sociological and amorous implications and the symbolic attitude of the period, continually involved with correspondence, is perhaps best illustrated by the short passage by Lefèvre describing *le thin* (p. 51) which at first glance is purely descriptive.

The anthology begins with two relatively brief encyclopedic descriptions of the universe, both involved also with Christian apologetic. The first of these is taken from the dedicatory poem to Lefèvre de la Boderie's *Encyclie des secrets de l'éternité*. The second comes from the beginning of Book II of the three books of Marguerite de Navarre's *Prisons* and expresses the feeling of joy with which the poet leaves the prison of earthly love and contemplates the universe of God's creation. The straightforward, at times almost naïve, poetic expression contrasts with the involved relationship between God, Man and Creation which is displayed in this picture of the universe.

Our second section deals with lapidary science and all three poems in it are by Rémy Belleau. The slightly amused note of the *Huistre*, published in 1556, recurs in the *Perle*, which appeared in 1576. But, essentially, although the oyster itself may be faintly amusing, especially in the way it swims, the precious stone it contains gives rise to a self-consciously heroic poem, decorated by references to medicine and to legends such as that of Cleopatra. It may well be, of course, that the poet is anxious to remain worthy of Marguerite de Valois, Reine de Navarre, the 'pearl' to whom he dedicates the poem. The poem describing the *Pierre d'aymant* is even more conscious of serious and philosophic aims and is much more generally scientific. The obscure reference to the cramp-fish, based on a poem by Claudian, is largely decorative pedantry and the main emphasis is on the central section in which the poem broadens out into a consideration of atomic physics (via Lucretius) and indeed of the whole universe. The animation of the object ('ce métal guerrier') is much more obvious here and the involvement between the lodestone and the poet's love is neatly married with the various forms of attraction associated with magnetism.

The intrusion of man upon what appear essentially scientific descriptions of the cosmos is to be seen even more clearly in the section on plants and medicine. The dualism between the crudely medical and the refinements of man's philosophizing and his sensibility is illustrated by the juxtaposition of *Des Hemorrhoides*, a long mock-heroic poem which is in fact a herbalist's vademecum, and Ronsard's *La Salade* whose deliberately wise and healthy moralizing and sudden passages of dialogue contrast again with the uneasiness and the apprehensive looking backwards over the shoulder of Ronsard's *Le Chat*. This last is more a poem about magic and augury than a descriptive piece concerning an animal.

In his poem, *Les roses*, Tyard follows and elaborates quite crudely and simply upon the allegory of the *Roman de la Rose*,[26] and an exact and curious botanical description becomes almost imperceptibly an erotic document, more precise both botanically and erotically than the score or so lines which occur so forcefully and so disturbingly towards the end of Jean de Meung's part of the *Roman*.[27]

The poems by D'Aubigné and Sponde serve mainly to illustrate the confusion in the minds of certain baroque poets of the end of the century between love and illness, sentiment and physical malady. Their languors are confused and although the same poets frequently emphasize a distinction between body and spirit, in this case the borderline between the two is more than merely blurred. Unfortunately we have not had the space to include any examples of the sonnets of such poets as Chassignet and La Ceppède which, almost in the same manner, associate illness and religious feeling and which in particular embody so many physiological descriptions of the Passion of Christ.

The section devoted to man begins with a purely physiological passage by Lefèvre de la Boderie and this is followed by a series of anatomical blasons. The lively but relatively straightforward description, *Des Dentz* is followed by *Le Nombril* which goes much further in the direction of symbolism, emphasizing man's place in a universe held together by a network of correspondences, and in the next blason, *D'un Œil* we have what is really a transition between the world of man and the extralunar universe. Indeed the poem plays upon a bewildering series of conceits and the eye is related in petrarchan fashion to the sun. This enables the poet to juggle with meteorological patterns in which tears correspond to rain and the heat of passion corresponds to the sun. All this is done so speedily and so skilfully that the reader has no time to observe or to worry about the commonplace nature of the world he is inhabiting.

The poems we quote from the work of Maclou de la Haye, again written in the mid-century obviously owe a great deal to the Rhétoriqueurs, as witness their rich rhymes and word chopping. They are curious in their description of physiognomy, especially in the blason of the *Ris*, and they mount up via the harmony of the *Voix* to the climax of the *Embrassement* with its curious transition from clinging sensuality to the *lien eternel* for which the poet strives. It might be argued of course that this is in essence a neoplatonic embrace. Indeed it is obvious that the attitudes and emotions of the sixteenth-century neoplatonist from Castiglione[28] through Scève to Ronsard do not by any means exclude the sensual.

Ronsard's poem *Le Chat* is dedicated to Rémy Belleau but its tone is more magical than that of Belleau's *Pierres precieuses* and Belleau is seen above all as a translator of Aratos, considered by Cicero (in his treatise *De divinatione*) as an important authority on augury. In Ronsard's poem all objects and creatures, metals and stones as well as animals, birds and plants, are given their special role in the science of augury and the cat is cast in the dominant role by the poet. In fact this poem trembles on the brink of that fearful but determined interest in prophecy which comes out so strongly in the passage from Lefèvre's *Galliade* which we quote in the section of the anthology devoted to the Poet as Magus.

The part of our anthology which is devoted to the quadrivium again begins on the level of description. In the meteorological section of *l'Amour des amours*, Peletier du Mans presents and explains *La Rosée* from a purely mechanical point of view. Even here however we are conscious of certain overtones and once we find ourselves in the sphere of the planets the tone changes even more radically.

Considerations of length have forced us not to give an example of a poem about the sun. The importance of the sun in the poet's existence comes out very clearly in the passage from Ficino's *De triplici vita* with which we have concluded our anthology. Even so, in the sixteenth century in France, singularly few poems are devoted entirely to this topic and poetic tributes to the sun, although intensely felt, are generally as brief as the fine lines from Ronsard's *Remonstrance*:

> Je dy ce grand Soleil qui nous fait les saisons
> Selon qu'il entre ou sort de ses douze maisons,
> Qui remplist l'univers de ses vertus cogneues,
> Qui d'un trait de ses yeux nous dissipe les nues,
> L'esprit, l'ame du monde, ardant & flamboyant,
> En la course d'un jour tout le ciel tournoyant,
> Plain d'immence grandeur, rond, vagabond, & ferme,
> Lequel tient dessoubs luy tout le monde pour terme,
> En repos, sans repos, oisif, & sans sejour,
> Fils aysné de Nature, & le pere du jour.[29]

We have no space here for a detailed description of the Renaissance universe[30] which differs in few respects from the medieval universe and which continues to hold sway for a long period. That the influence of the new views on astronomy introduced by Copernicus[31] is felt gradually is illustrated by the well-known and intensely well-meaning attempts of Kepler in his *Harmonices mundi* to incorporate into the Copernican world picture theories of the harmony of the universe which are undoubtedly neoplatonic in inspiration. Indeed, despite the fact that Copernicus' *De revolutionibus orbium caelestium* was published in 1543, that Peletier seems to have been aware of his work, that Lefèvre de la Boderie has a poem on him, Du Bartas, much later on, indignantly rejects his findings, and the Ptolemaic universe with its concentric spheres revolving around the earth and caught up in a clamorous but silent harmony continues to dominate the poetic imagination of the Renaissance.

Planets are sometimes described separately, phenomena are isolated, but in general it is the network of correspondences between God, man, and the universe implied in the relationships between one part of creation and another which is really important to the Renaissance, and the truly daunting but essential task of the scientific poet is to investigate beyond the sensual world into that which can only be apprehended by the visionary, for it is the realm of God and well beyond the confines of Nature herself. Furthermore the senses themselves are recognized as being great deluders of mankind and in all these poems the final appeal is to various aspects of the mind/soul. As we shall see, this is dramatically so in the connections established between astronomy and music by way of mathematics.[32]

As Pontus de Tyard is the chief scientific theorist among the poets of the so-called Pléiade, we have wished to include poems by him in our anthology. In general, however, he expounds his doctrines in prose and in the form of dialogues such as the *Solitaires* and the *Curieux* and these contain a distillation of the philosophy of science of the age.[33] His poems are rarely scientific or philosophical and *De ses affections*, the one we have chosen for this section of the anthology is very much nearer to the world of the Rhétoriqueurs[34] than to that of the Renaissance scientific poet. Black and white horses are a Platonic and Ficinian image but they and Venus and Mars are here treated very much in the manner of the *Psychomathia*.[35] This is not uncommon. Indeed the work of the scientific poet we have most quoted in this anthology —Guy Lefèvre de la Boderie—although published late on in the century, is very closely associated with the Rhétoriqueur tradition and in this of course it is typical of the latter part of the sixteenth century where there is a very definite resurgence of this way of writing.

Among sixteenth-century love poets Maurice Scève is perhaps the one most closely associated with science. Because of its length we have been unable to quote from his *Microcosme* and have been obliged to content ourselves with selections from his *Délie* which is continually involved in science. In this poem he involves the pathetic fallacy in his association of love not only with light and shade, sun and moon but also with the weather, rain, lightning and cloudscapes. Sighs and tears, associated with the elements of fire and water and elaborated in the earlier blason *Le Souspir*, are a recurrent element in the *Délie*, and, although we are accustomed to associate neoplatonism with the advent of the Pléiade, it is in this same *Délie*, that we see the greatest poetic expression of this philosophy to be found in the century. The full sequence of *dizains* illustrates the progress of the lover, often halting, often stumbling and changing direction, from the pleasant anecdotes and experiences of early love (cf. the fishing sequence in *dizain* 221), through alexandrianism to a limbo of half-waking, half-dreaming (finely expressed in *dizain* 367). From this he emerges finally and aided not by the physical presence but indeed by the absence of his love in the flesh, to find himself in a serene region as far beyond the *péripéties* of human passion as the stars are beyond the moon. So the inimical elements combine to make up *l'union de ce corps*, the *Corps* itself is vanquished by *Raison*, *Feu* overwhelms *Eau* and in the end there endures the *flamme si sainte* which is pure and virtue-ful love in the absence of the body and the flesh.

This poetry undoubtedly has affinities with that of the English metaphysicals and we must be especially conscious of the wit displayed by its exponents. The cosmic conceit developed in Ronsard's sonnet on sending an egg to his beloved is followed in our anthology by the contrasting seriousness of his *Hymne des astres* devoted in the main to skilful juggling with certain elements of astrology, again a dominant Renaissance science.

Astrological speculation apart, the whole of the world of astronomy at this time is dominated by the two interrelated arts of mathematics and music. Obviously, as Lefèvre intimates, the relationship between measurement and harmony can be traced back to Pythagorean sources and it seems probable that the sixteenth-century scientific poet in France relied almost entirely on such interpretations of these sources as are to be found in the marginal notes to Guy Lefèvre de la Boderie's *Galliade*, the fourth *Cercle* of which is devoted to music. The main 'classical' works he mentions are Plato's *Timaeus* with the commentaries by Proclus and Ficino; Macrobius' commentary on the *Dream of Scipio*;[36] Boethius' treatise *De musica* and Pliny's *Natural History*. Other references—for example to Zoroaster, to Iamblichus, to Orpheus and to David—are also important, but essentially they bear witness to Lefèvre's own involvement in a fierce patriotism which causes him to trace the history of poetry back beyond Orpheus and David to the Druids. The main importance then is to be attached to the 'classical' references above. Of these, the whole learning of the Middle Ages is dominated by Plato's *Timaeus* and by Pliny, the Boethius treatise seems to have been the main medieval school book used for the teaching of Music, one of the seven liberal arts on which medieval education is based and the Macrobius commentary gives us what is perhaps the most popular and easily accessible account of the harmony of the spheres.

It would not be out of place at this stage in our argument to quote from the *Timaeus*:

If, then, Socrates, amid the many opinions about the gods and the generation of the universe, we are not able to give notions which are in every way exact and consistent with one another, do not be surprised. Enough, if we adduce probabilities as likely as any others, for we must remember that I who am the speaker, and you who are the judges, are only mortal men, and we ought to accept the tale which is probable and not enquire further.[37]

The central argument of those early scientists who wish to associate music, mathematics and astronomy and the one which has had the most influence on subsequent scientific writings is based on the supposedly Pythagorean discovery of a relationship between tones and measurement in space.[38]

When strings of the same material and gauge are made to vibrate under the same conditions, the relationship between the notes produced by these vibrations will depend on the relationship between the length of the strings. Thus, if one is half as long as the other, the difference in pitch of the two will be one octave (*diapason*). Should the relationship be in the ratio 2:3 the difference in pitch will be a fifth (*diapente*), and if the ratio is 3:4 the difference will be a fourth (*diatessaron*). Thus the consonances on which the Greek musical system was based—octave, fifth and fourth—can be expressed by the progression 1:2:3:4. This contains also the two composite consonances which the Greeks recognized and named, the octave plus fifth and the double octave (*disdiapason*). These ratios can be multiplied and made more involved in many ways. For example, 9:27 makes up an octave and a fifth if seen in the progression 9:18:27, for 9:18 equals 1:2 (an octave) and 18:27 equals 2:3 (a fifth). All this fits admirably, if somewhat bewilderingly, in with Plato's explanation in the *Timaeus* that the harmony of the cosmos is based on the squares and cubes of the double and triple proportion starting from one. This led him to the two geometrical progressions, $1;2;4[2^2];8[2^3]$ and $1;3;9[3^2];27[3^3]$. These numbers, which are said to embrace all proportion and all the rhythms of the universe, are represented in the form of a socalled *Lambda*[39]

$$1$$
$$2 \quad 3$$
$$4 \quad\quad 9$$
$$8 \quad\quad\quad 27$$

That all this should add up and make sense mathematically and be reasonably comprehensible constituted one of the great 'discoveries' of the Renaissance and one which was exploited in very many fields, including that of architecture, for one of the features of early printed editions of Vitruvius is the presence of woodcuts showing vast scales and representations of harmonies. Similar illustrations are also to be found of course in early printed editions of the Boethius treatise.

It is evident from the foregoing, and from a study of the *Timaeus* and subsequent linked works, that the idea of the composition of music and its subsequent performance is overshadowed by the obvious and overwhelming importance of such theories of mathematical proportion which imply a mathematical explanation of the cosmos. A further link between music, proportion and the cosmic picture is provided by the theory of the harmony of the spheres. Not mentioned as such in the *Timaeus*, this is fully expounded in Macrobius' commentary on the *Dream of Scipio*.

Again the connection with actual music is obscure, but it must be recognised that, just as the system proposed by Plato in the *Timaeus* which takes us from 1 to 27 via two geometrical progressions 'has nothing whatever to do with the theory of musical harmony'[40] so in general the Renaissance scientist looks rather to the evidence of his reason than to that of his senses, which are in a different and lower category. In the summary of Boethius' *De musica* given in his *Histoire de Boèce* Jean Mariette says:

... comme le sens de l'oüie est sujet à étre trompé, ainsi que celui de la vûë: il regle son jugement touchant la justesse des accords, non par les sens, mais par la sciance des nombres & par leurs rapports & leurs proportions.

and

Il commence son cinquiéme livre par la définition de l'harmonie, & prouve de nouveau par des comparaisons tirées de la Géométrie, que les sens seuls ne sont pas juges competens & irréprochables de la justesse des accords: mais qu'il y faut joindre la raison qui se sert pour cela de démonstrations tirées de la proprieté & des differentes proportions des nombres ...[41]

In the many medieval and Renaissance scientific treatises which bring in music, it is general to make a distinction between *musica mundana*, *musica humana* and *musica instrumentalis*: the tradition goes back at least to Boethius. The meaning of *musica instrumentalis* is self-evident—it is music as we generally speak of it nowadays. *Musica mundana* we have just been discussing. *Musica humana* concerns the harmonization of man himself, the micro-cosm, and this is brought about in various ways. The suggestion being that the universe is dominated and its equilibrium preserved by those notions of proportion and harmony which emanate from the divinity, *musica mundana* is, in the last analysis, divine music and is frequently regarded as being the harmony of the spheres. As man is the microcosm he is subject to similar laws and the harmony of his inner existence can be brought about and preserved in many ways, one of the chief of which is music.[42]

However, a particular significance is to be attached to a kind of 'practical' music. Here the various modes of an imperfectly comprehended Greek system of harmony are pressed into service as having immediate 'physical' influence upon the moods and demeanour, not merely balancing and harmonizing the soul but also, and more positively, inducing certain moods and emotions and correcting vicious imbalance. It is perhaps sufficient for our purpose to direct the reader's attention to the relevant passages we have chosen from Guy Lefèvre de la Boderie's *Galliade*. *Cercle* IIII lines 393 ff. refer to *musica humana* and to the balancing of the humours in man himself. *Cercle* IIII lines 1315 ff. refer to the more precise use of certain modes to bring about states of mind that are, for example, warlike (*phrygien*), peaceful (*dorien*), somno-lent (*éolien*), carefree (*lydien*).

That part of our anthology devoted to the *Poet as Magus* begins with a number of sonnets taken from the section at the beginning and the end of Guy Lefèvre's translation of Ficino's *De triplici vita*. These are addressed *Aux hommes doctes & studieux* and they provide an introduction to the two longer poems by Ronsard which clearly illustrate the visionary melancholic nature of his muse. In the first lines of the *Hymne de l'Éternité* Ronsard identifies himself clearly with orphism and in the *Elegie au Sgr l'Huillier* he clearly describes that type of poetic inspiration derived from the neo-platonic furies which so often appears in his verse. The poet, the seer and the scholar are all closely associated at this time and the business of preserving a balance in the life of all of these, equally affected by melancholy, is admirably summed up by Ficino in the passage we have taken from the end of his *De triplici vita*.

The presence of neoplatonic elements is well known enough in the poetry of this age. We have already quoted the celebrated passage from Ronsard's *Ode à Michel de l'Hospital*.[43] But for the scientific poet other mystical elements are at least equally important. Poetic fury is insufficient without—at the very least—poetic melancholy and solitude. We have wished to stress these at the expense of the better known four furies, for they fit in better with the portrait of the scientific poet we are striving to paint. So we have chosen to quote the passages from Lefèvre's *Galliade* which refer particularly to these and, with some regret, we have omitted any consideration of *Cercle* V which is devoted to poetry itself. Indeed it contains little that is significant and is for the most part 'historical'. Its main difference from other histories of poetry of the age lies in its druidical elements and its consequent insistence on the figure of Bardus.

For Lefèvre de la Boderie the *Hymnes ecclésiastiques* are an attempt to offer a catholic counterblast to protestant hymns such as the psalms of Marot. The *chants royaux* and the *hymne circulaire* we have chosen are deliberate attempts to combine Jewish elements (associated with the *prisca theologia* and including neo-platonic elements) and Christian elements in a series of mystical scientific poems written in honour of the Virgin Mary. The first of these is in a sense zoological, being a description of the work of the silk worm. The second is astronomical, being in fact a description of the armillary sphere attributed to Archimedes. The third is devoted to virginity, classical and Christian, and the fourth is based on Dioscorides' description of a stone found in Judea.

We have concluded the anthology by quoting part of Ficino's *De triplici vita*, although it is in prose and although we quote it in Lefèvre de la Boderie's translation, for it gives so interesting and valuable an insight into the medical and astrological aspects of the life of all men of letters and especially of those poets who are involved in the ungrateful task of verifying the cosmos.

I am grateful for the help of a multitude of colleagues in compiling and annotating this anthology. Professor C. A. Mayer was responsible for suggesting the project and for presenting the idea to the Athlone Press. Dr Terence Cave helped the idea to burgeon and my debt is immense to Dr Ian Doyle, Dr Alison Saunders and above all to Dr Perkin Walker. I must thank once again the University of Durham and its Research Fund.

Since so considerable a part of this anthology is devoted to the poetry of Guy Lefèvre de la Boderie, whose *Encyclie* and *Galliade* form its linking element it seems reasonable and useful to add a postscript to this introduction. Scientific poetry at this time is in the main esoteric poetry and one of the main sources of the obscurity of the writings of Guy Lefèvre de la Boderie in particular is to be found in cabbalism.[44] Lefèvre translated Francesco Giorgi's treatise *De harmonia mundi* and published it, together with a treatise by Pico della Mirandola translated by his brother Nicolas, as *L'Harmonie du monde, plus l'heptaple de J. Picus de la Mirandole.*

This translation is preceded by two prefaces, the *Epistre en forme de Preface* by Guy Lefèvre, and the *Introduction sur l'Harmonie du monde* subtitled *Le Cœur LEB, ou les 32. sentiers de sapience. Discours fort utile pour entendre et exposer les sainctes Escriptures,* which is by his brother Nicolas. The influence of Giorgi's treatise on Guy Lefèvre is made clear in his preface and is in any case obvious from the differences between the earlier *Encyclie* where cabbalism is a characteristic feature and the later *Galliade* in which it is a dominant element.

It is in the *Introduction sur l'Harmonie du monde* by Nicolas Lefèvre that we find a long explanation of various forms of esotericism. The basis and the build-up of the whole moral structure of the world is made clear in the first instance as Nicolas Lefèvre suggests that the universe has progressed and is progressing through a series of ages. The first of these shall be called the age of Jewish Law, the Law of Moses. The second is the Christian age. The third is to be called the age of the spirit. The fourth will combine Hebrew and Greek. The fifth will interpret the obscurity of Hebrew thought in the light of the clarity of the Romans and will be called Latino-Jewish. The sixth, for which it is difficult to find a name, corresponds to an amalgam of the second and third ages and shall be called spiritual-Christian. The seventh is the ultimate age of the universe, described as follows by Nicolas Lefèvre (ẽ4v):

Reste la septieme & derniere qui renfermante en son contour les six rondeaux l'un dans l'autre encerclez de ses sœurs & compagnes, merite bien le tiltre & dignité de JERUSALEM nouvelle, attendu qu'en icelle les autres tousjours en eslargissant y viennent accomplir leur course & revolution, ainsi que l'Eglise tant Judaique, Gregeoise, Romaine que spirituelle, ou bien ainsi que les troys estats tant de foys mentionnez tendent au quatrieme qui est en la vision de paix.

In extremely *Rhétoriqueur* language, at the beginning of this introduction, we had been told of four possible types of obscurity designed to keep the truth pure (ẽ2r):

Les Hebrieux, les Grecs, & Latins, & si autres se sont jamais éperdument avancez en ce labyrinthe, disent qu'il y a en general quatre voyes & manieres d'esplucher & choisir de dessoubs l'espesseur & fueillage des grossieres paroles, l'odorant & beau fruitage, lequel y brandille & rayonne à l'aure & battement des aisles du S. Esprit, qui ainsi qu'un doux Zephir s'espanche sur les eaus de noz esprits à la façon de l'Aigle genereuse, qui bavole sur ses petis. Et sont celles-cy, la literale ou historienne, la Morale, l'Allegorique & l'Anagogique.

It is under the heading of Allegory and as a part of *Anagogie* (for the first is obviously a part of the second and there are types of allegory which lead into the ecstatic mystical contemplation associated with *Anagogie*) that we are introduced to a number of cabbalistic forms of symbolic rhetoric, of which the most straightforward and the one most generally regarded as typical of cabbalism is *ghematria*. This figure simply adds up the numerical value of the different letters of a Hebrew word (for every letter of the Hebrew alphabet also stands for a number—cf. the diagram infra p. 23) and substitutes for it a different word having the same numerical value. Thus the word for Serpent adds up to 359 as does the word for Satan or adversary.

The *Introduction* concludes thus (ĩ5):

Le Symbolique estant fourché & desployant les voisles d'une part, par la Mathematique, de l'autre par l'Alfabeth Hebrieu, single de là, par les nombres, par la Geometrie, Musique & Astronomie, deça arrive à port par l'Anagramme, Siruf ou combination, Notariacum & Ghematria: de sorte que, contant les chemins & voyages que nous avons tenus, tu les trouveras au nombre de 32, autant precisement que le sage Abraham nous tesmoigne y avoir de sentiers de Sapience ou degrez d'intellect, jouxte la somme qui est contenue en *Leb*, c'est à dire, Cœur, dond le Lamed rend 30, & le beth 2. desquelles marches & degrez semble chanter David, lors qu'il dict, il a disposé des eschelons ou montées en son cœur: Et derechef, ils iront de vertu en vertu tant qu'ils soient parvenus en Sion. C'est peut estre l'eschelle que Jacob veid en Bethel, qui est la Sapience & Maison de Dieu. Ce sont les 32 dens par lesquelles l'homme interieur & spirituel mache & trenche le pain de la parole saincte: & comme ainsi soit qu'en autre sens elles signifient les vertus acquises, ce n'est de merveille s'elles conviennent en nombre avec le cœur qui est racine & fondement: . . . par ce moyen le cœur, les dents, les mains & les pieds, ou plustost, l'entendre, le parler, le faire, & le vouloir designez par ces organes conviennent & cont' raccordent en nous par une merveilleuse & incroyable harmonie, afin qu'estans unis, & en nostre puissance & arbitrage nous offrions à Dieu en volontaire sacrifice sur l'autel de nostre cœur toutes nos actions, propos & saincts desirs, ce qu'alors qu'il aura lieu en la prestrise, Royauté, Judicature & communauté dond est composé le corps mystique de nostre Seigneur Jesuschrist, on pourra bien dire que toutes choses auront acquis leur fin & bon-heur.

                                                    Le Scerafin vole.

The signature is of course an anagram of Nicolas Lefèvre.

From our point of view however, the most interesting part of this introduction is the diagram of the universe from God down through the Angelic World and the Celestial World to the Corruptible World. This diagram associates Pythagorean mathematics and principles of harmony and astronomy with the Hebrew alphabet (22 letters, of which five are represented by two hieroglyphs, thus giving us 27 signs in all, each with its corresponding numerical value). The explanation given of this by Nicolas Lefèvre runs as follows (ē5v-ĩr):

Ainsi y a il en l'univers, comme quatre points l'un soubs l'autre arrengez, ausquels se rapportent toutes les natures & substances crées: Et sont Dieu, l'Intelligence, l'Ame raisonnable, & le Corps ou la Nature. Leurs nombres se pourront donc nommer divins, intellectuels, raisonnables & corporels, où comme autres les appellent avecques Proclus, divins, raisonnables, naturels, & vocaux: ce qui tombe tout en un sens, car l'entendement dit *Intellectus*, & *ratio*, qui est la raison, estant souvent pris pour un mesme, les nombres raisonnables peuvent embrasser ce qui appartient à l'un & à l'autre, comme les naturels contiennent toutes les substances soumises à la Lune soyent animées ou non. Et parce que

la voix & parole est comme la resonnance de ceux de l'esprit, que l'archet de
nostre langue fredonne & decoupe en la rosette de la bouche, & que le nombre
selon l'Aristote est plustost en l'esprit nombrant qu'en la chose nombrée, estant,
comme ils parlent, *Ens rationale*, ce n'est point chose estrange, si ceux que nous
avons nommez corporels, sont dits aussi vocaux. Et est digne d'admiration
comme ces quatre unitez, ces degrez & proprietez de nombres qui en naissent,
sont naturellement & par ordre suyvant disposez & rangez en l'Alphabeth
Hebraique: car tout ce qui est enclos entre l'Aleph & le Jod, c'est à dire, l'un
& le dix, designe l'enceinct & region des Anges: ce qui est enfermé entre le
Jod & le Coph, c'est à dire, dix & cent, la contrée celeste: Et ce qui est depuis
le Coph jusques au Thau fin de l'alphabeth, y adjoustant les cinq finales ou
estendues pour terminer en Tzade, demonstre les genres & differences speciales
de ce monde alterable. Là s'assied fermement le Cube, car qui voudroit passer
outre pour conter mil, deux mil &c. Il faudroit reprendre Aleph, qui vaut l'un
& le mil, c'est à dire, commencement & fin, chose qui appartient seulement à
Dieu. Venons à une autre demonstration. L'unité sortant de son centre & se
communiquant dehors, produit premierement le deux ou binaire, qui signifiant
la premiere matiere subjecte à estre infiniment divisée, est mere des nombres
pairs desquels est racine & fondement le quaternaire vray simbole des quatre
elemens. Icelle mesme unité dardant son ray sur le Deux, engendre le ternaire,
qui Pere des nombres impairs signifie la lumiere & premiere forme. Or comme
toutes choses depuis Dieu sont composées de leur matiere & forme, ainsi
toutes sortes de nombres sont assemblés des pairs & des impairs. Les quatre
Elemens sont toutes choses en puissance: La Trinité est toutes choses en acte.
Du mariage du pouvoir & de l'acte tout est engendré 1, 2, 3, 4, font dix, car
on ne peut conter davantage sans retourner à l'unité, disant onze, vingt & un,
trente & un, quarante & un &c. qui est autant que si on disoit premiere,
deuxieme, troisieme, & quatrieme unité. Mais quatre fois 10, font 40. car
10.10.10.10. accomplissent ceste somme, desquels si vous ostez le nulle, &
rangez quatre poincts en ceste forme ... le dernier estant comme un petit
cercle, vous aurez le mil cube du denaire & l'accomplissement des nombres:
d'autant que le nombre, non plus que toute magnitude, ne peut avoir que
triple accroissement sçavoir est, en long, en large & en profond: ou en ligne,
sur-face & grosseur. Separons le premier poinct ainsi., ce sera nostre unité
absoluë: puis disons dix fois un, ce seront 10. la seconde unité, ou la ligne &
longueur: car si nous les trouvons en long en ceste façon ... ils formeront une
ligne: disons dix fois dix, nous aurons 100, la surface & largeur, car tirant deux
traits l'un sur l'autre ainsi : : : , il en resultera une figure plaine, c'est à dire
longue & large. Finablemet disons dix fois cent, & nous serons parvenus
jusques à la quatrieme & derniere unité, qui est 1000, cube, grosseur &
profondeur: car colloquant quatre poincts en ceste forme .·. vous en voyez
sortir la pyramide qui est le premier corps solide & regulier. Ainsi le quaternaire
ou Tetractide, qui est, comme dict Pythagore, la fontaine de nature perennelle,
& le Pere de l'Ame, embrasse toute deduction, toute forme & harmonie
nombreuse: par deduction j'entends la voye Arithmeticienne, par forme ou
figure la Geometrique, & par Harmonie qui est de la proportion d'un nombre
ou d'un corps à un autre, la Musicienne. Et pour concevoir cecy plus nettement,
& monstrer quant & quant comme tout consiste de deux & de trois, ainsi que
du pair & de l'impair, de la matiere & forme, du pouvoir & de l'acte, du

Ciel & de la terre, du mary & de la femme, du haut & du bas, de la droicte & gauche, issans & dependans de l'unité infinie: faisons le paroiste par une figure en procedant de la premiere & tressaincte unité au 3. & du 3. au 9. d'iceluy à 27. Et par autre sentier du 2. au 4. & du 4. regorgeant de l'abondance de 1.2.3. ses ayeulx & devanciers avec sa richesse particuliere parvenant au 10. de la mesure & accomplissement de tout: Nostre figure soit telle.

Qui entendra bien ceste figure, outre qu'elle luy servira comme d'une clef pour entrer au plus secret cabinet & Sacraire du Timée, en ce qu'il traite par la Mathematique de tout l'Univers, pourra d'abondant y voir & apprendre l'ordre harmonie, difference & proprieté des trois mondes, & comme ils dependent, sont soustenus, & compris de Dieu, ainsi que de l'Unité & Cercle infini: Et ne luy semblera estrange doresnavant si Pythagore & ses successeurs disputoyent & raisonnoyent de tout par les nombres.

L'introduction

QVANT A CE QVE CHACVN DES TROIS

mondes est pourueu de sa racine, quarré & Cube, tout ainsi que l'Vniuers, comme il apparoist par les nombres qui sont hors les rondeaux, par là peux-tu entendre l'Armonie & conuenance de tout, & comme peut estre vray le dire d'Anaxagore, qui mettoit omnia in omnibus & singula in singulis.

Ceste suitte de nombres procedant de 1. a. 28. second nombre parfaict & Cube du 3. declare le secret & mystere de l'ame & du möde descript & demöstré par Platon au Timée.

Note le mystere des lettres Hebraïques, chacune desquelles vaut autant que le nombre qu'elle a pres de soy enclos dans vn petit röd.

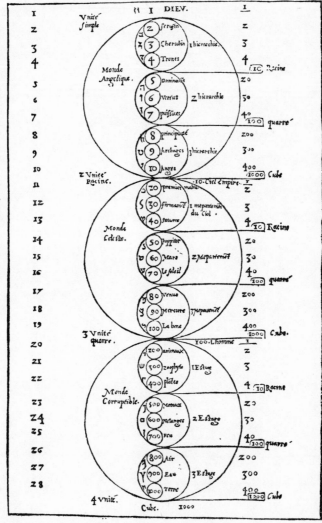

	‡‡ I DIEV.		I
1	Vnité simple	Seraphin	2
2		Cherubin — 1.hierarchie	3
3		Trones	4 [10] Racine
4	Monde Angelique.	Dominaliō	20
5		Vertus — 2.hierarchie	30
6		puissaces	40 [100] quarré
7		principauté	200
8		Archanges — 3.hierarchie	300
9		Anges	400 [1000] Cube
10	2.Vnité Racine.	10.Ciel Empire. I/2
11		premier mobile	3
12		firmamēt — 1.repartimēt du ciel	4 [10] Racine
13	Monde Celeste.	saturne	20
14		Iupiter	30
15		Mars — 2.Repartimēt	40 [100] quarré
16		Le soleil	200
17		Venus	300
18		Mercure — 3.repartimēt	400 [1000] Cube
19	3.Vnité quarré.	100.L'homme. I/2
20		animaux	3
21		zoophyte — 1.Estage	4 [10] Racine
22		plātes	20
23	Monde Corruptible.	metaux	30
24		meslanges — 2.Estage	40 [100] quarré
25		feu	200
26		Air	300
27		Eau — 3.Estage	400 [1000] Cube
28	4.Vnité.	Terre	Cube. 1000

Qui

THE UNIVERSE
Cosmos and Microcosmos

I

GUY LEFÈVRE DE LA BODERIE
Epistre dédicatoire (*Encyclie*)

Toutesfois contemplans du Monde le bel ordre,
Qui contient tous ces ars & tous leurs artisans,   176
Vous osez impudens ou mesconnoistre ou mordre[1]
Du Moteur[2] le conseil, aveugles médisans,
Et ne voyez vous point que l'on ne pourroit tordre
Ces cercles encerclés par mouvemens duisans[3]   180
Sans une grand Raison; veu que pour les entendre,[4]
Il nous faut tout l'Esprit & la Raison estendre?

Que si quelcun avoit porté en l'Amerique,
Ou dedans le Peru aus Barbares tous nus,   184
Un si bel instrument que la Boule Sférique[5]
Qu'Archimede inventa, où estoyent reconnus
Les mouvemens reglez de ceste grand fabrique,
Où Phebus, & Phebé, & les cinq tant connus[6]   188
Faisoyent leurs tours divers par mesure bornée,
Comme ils les font au Ciel chasque nuit & journée.

Qui seroit cestuylà tant grossier & barbare
Qui dist que sans Raison eust peu estre parfait   192
Un Globe tant esquis, un instrument si rare,
Quoy qu'il n'en entendist les regles ni l'effet?
Et comment est-ce donc que vostre sens s'égare,
Quoy que vous n'entendiez par quel ordre se fait   196
De ce monde le cours, de penser plus habile
Archimede que Dieu à qui tout est possible?

Archimede pourra[7] dessous la grand ceinture
Absent faire marcher sans erreur les Errans,   200
Et Dieu ne pourra pas present en la Nature
Mener les sept flambeaus[8] un chacun en ses rangs;
Ains vous croirez plustost que par cas d'aventure
Que par conseil divin ils vont ainsi courans?   204

O trop barbare gent, trop aveugle & brutalle,
Dignes à tout jamais vivre en l'horreur nuitalle.
 Encor si vous n'aviez non plus l'ame voilée
Que ceus la du Bresil, un jour vous pourriez voir;   208
Car quand premierement dessus la mer sallée
Le navire vogant peurent apercevoir
D'Americ Florentin,[9] en l'obscure vallée
Ou ils estoient cachez ne sçachans concevoir   212
Ce qu'ils voyoyent de loing, d'une œillade esperdue
Ils suivoyent ceste Nef par eus non entendue.
 Et disoyent à part soy: Quelle chose nouvelle
Qui se roulle sur l'eau avec un si grand bruit?   216
Les ondes devant soy el'tourne pesle mesle,
Levant des tourbillons qu'apres elle destruit:
Elle rase les flots, & delaisse apres elle
Un sentier escumeus qui blanchissant la suit.   220
Puis oyans le canon tonner espouventable
Pensoyent ouyr & voir quelque forme de Diable.
 Mais quoy que vous voyez du Monde la grand Arche[10]
Sans cesse se mouvoir d'un ordre tant reglé   224
Inconstans vous pensez qu'inconstamment il marche,
Et l'œil de la Pensée avez tant aveuglé,
Que vouz n'avisez point le Patron & Monarche
Qui tourne comme il veut son vaisseau égallé: 228
Et ne pensez oyans les esclats du tonnerre,
Bon ni mauvais Esprit au ciel ni en la terre.
 Pource me direz vous qu'à contempler la danse
Du monde nous avons les yeus acoustumez,   232
Nous ne remarquons point aucune Providence
Au lever & coucher des Astres allumez,
Et plus nous n'admirons leur branle ni cadence,
Tousjours d'un mesme pas finis & consommez.   236
Voire la nouveauté, non la grandeur des choses,
Vous feroit rechercher les causes y encloses.
 Non ce n'est pas cela, ô troupeau d'Epicure,[11]
Il ne faut sur ce point que vous vous escusez;   240
Mais du Palais du ciel vous n'avez soing ni cure,
Au palais de la bouche estans tous amusez:
Donc si plus qu'un hibou n'avez la veüe obscure,
En terre baissez-la, ne soyez tant rusez,   244

Que pour tromper le temps & vos ennuys extremes,
Seuls vous soyez trompez du temps & de vousmesmes.

    Montez au haut du mast, & que vostre œil contemple
Autant que le rayon en peut estre estendu,   248
Le globe de la terre, au milieu du grand Temple[12]
D'un si bon contrepois, dedans l'air suspendu,
Avecques l'Ocean qui d'un canal si ample
Couvre la plus grand part du centre descendu;   252
Puis me dites qui c'est qui la terre compasse,
Et met borne à la Mer qu'onc elle n'outrepasse?

    Voyez de ce costé la Terre tapissée
D'herbes, & d'arbrisseaus, & de tant belles fleurs: 256
Quel Tableau est tant beau, quelle tente licée[13]
Pourroit estre émaillée avec tant de couleurs?
Voyez-la d'autrepart touffue & herissée
De si verdes forestz & de fruitiers meilleurs;   260
Voyez d'espics crestéz blondoyer les campagnes,
Et oyez les sapins sifler sur les montaignes.

    Voyez meint val ombreus, meinte claire fontaine,
Tant de fleuves qui font tant de tours, & replis,   264
Tant de prez verdoyans dessous l'aure[14] sereine,
Tant d'antres encavez, tant de rochers emplis,
Tant de metal caché en mine souterreine,
Le Plomb, l'Erain, le Fer, l'Or, l'Argent accomplis,   268
Tant de Marbre madré,[15] tant d'Albastre, & Porfire,
Qui pour bastir palais & temples doit suffire.

    Puis voyez formiller tant de bestes farouches,
Les unes au desers, les autres par troupeaus   272
Plus espais & serréz que les esseins des mouches,
Tachetéz, mouchetéz, & de diverses peaus,
Les aucunes broutans aus taillis & aus souches,
Et les autres paissans par les herbus coupeaus;   276
Et toutesfois voyez qu'une chacune en somme
Ou bien revere ou creind la presence de l'homme.

    Et quelle est la beauté de la Mer colorée,
D'Isles, de Mons, de Rocs distinguée en meins lieus?   280
Quelle est l'amenité de la rive, & orée,
La plaisance des ports tant agreable aus yeus?
Puis voyez comme elle est de vaisseaus decorée
Chargés d'Or, de Joyaus, & parfuns precieus: 284

Comme la Terre on void reluire en villes belles,
La Mer on void aussi reluire en caravelles.[16]
    Mais qui pourroit conter les especes diverses
Des poissons écaillez, & des monstres qui vont   288
Ronflans & resoufflans dessus les ondes perses,
Les unes de costé, les autres de droit front,
Les unes sur le ventre, & les autres reverses,
Ballenes, Fouches,[17] Thins,[18] & le Daulfin si pront?   292
Dessus lesquels paroist plus grand le Fysitere,[19]
Comme sur les troupeaus l'Elefant solitaire.
    Levez les yeus amont, & au prochain espace
Voyez l'air distingué du Jour & de la Nuit,   296
En haut le delié, bas le gros a prins place,
En nües il s'amasse & puis en vent il bruit.
Puis degoutant en pluye il rend la terre grasse,
Oid, & void avec nous, avec nous fuit, & suit: 300
Avecques nous il parle, & porte nos parolles
Qu'il multiplie en soy en cent mille carolles.
    Voyez combien d'Oyseaus, & de divers plumages
Il contient & soustient, & quil fait retentir   304
De fredons decoupés, & de plaisans ramages;
Considerez comment il vous fait tant sentir
De soüefves odeurs, & voir divers Images:
Voyez oyseaus planer, aucuns s'apesantir   308
Et raser les estangs, & l'Aigle tant connue
D'œil percer le Soleil,[20] & des ailes la nue.
    Maintenant suivez-la, & allez recognoistre
Dans un char Etheré l'enclos, & le pourpris   312
Du celeste manoir, du grand & large cloistre,
Tenant dedans son Corps tout autre corps compris;
Et voyez le seul-œil du Soleil apparoistre
Sur les Lampes du Ciel, & tous ces feus épris   316
D'une telle splendeur, que je ne trouve exemple
A qui l'accomparer en la rondeur du temple.
    Quoy qu'il ne semble pas plus grand qu'une rondelle,
Si excede-il encor cent soissante & six fois[21]   320
La grandeur de la Terre, & va tout autour d'elle
Filant le siecle, l'an, l'heure, le jour, le mois:
Si tel ne le voyez, beaucoup moins son Modelle[22]
Comprendre pourrés vous, qui est unique en trois;   324

Qui n'a siecle, ni an, ni mois, ni jour ni heure,
Mais son Eternité en un seul point demeure.
   Voyez tout droit sous luy ceste Lune argentée
Qui en l'obscure nuit fait renaistre le jour,   328
Regardez que sa course est tant diligentée[23]
Qu'en moins de trente jours elle acheve son tour:
Voyez qu'ell'darde en mer sa lumiere empruntée,
Le flot & le reflot luy causant sans sejour;   332
Puis me dites comment la grand Mer épanchée
Est en telle distance avec elle attachée.
   Or elle est opposite, & de la terre l'ombre
Se vient entreposer entre elle, & le Soleil,   336
Dont elle est eclipsée, & ores elle encombre
La terre d'en jouyr, & lui rend le pareil
Quand joindre elle se vient par certain ordre, & nombre,
Et humer à longs traits la lueur du grand Œil: 340
Ores elle est cornue, ores demye, & ores
Sa face est toute pleine, & puis decroist encores.[24]
   Si vous n'avez loysir d'employer vostre estude
A suivre les Errans,[25] & si mieus vous aymez   344
Errer aus voluptez sans grand sollicitude,
Que remarquer de Dieu les œuvres estimez;
Si la tourbe vous plaist & non la solitude,
Ne permettez pourtant vos sens estre abismez   348
Tant qu'ils soyent abrutis, n'osans lever la teste
De peur de voir le jour, vers la voute celeste.
   Considerez un peu par conseil & prudence,
Si le sort incertain auroit si bien rangez   352
Les sept flambeaus tant beaus, & non la Providence;
Veu que si par entre eus ils estoyent eschangez,
Impossible il seroit de mettre en evidence
Un ordre mieus reglé, quoy que vous y songez: 356
Ainçoys songez y bien, & je m'ose promettre
Que vous n'y trouverez à oster, ni à mettre.
   Premierement la Lune est des terres prochaine,
Dautant que ses rayons presidens aus humeurs   360
Elle lasche, & dissout des elemens la cheine,
Et feconde & empraind en terre les fruits meurs;
Et est ceste vertu aus hommes tant certaine,
Que mesme elle est connue aus rustiques semeurs   364

Espians le croissant pour jetter leur semence,
Afin qu'elle aus sillons en hume l'influence.

Dessus elle est Stilbon,[26] sur lequel estincelle
L'Estoille des bergers, qui d'un ray lampegeant   368
Inspire aus animans vigueur qui est bien telle
Que ceus qui vont volant, cheminant, ou nageant,
Se sentent tous forcez de chercher leur femelle,
Tant un aveuglé feu leurs mouelles va rongeant;   372
Et Nature pourvoit tousjours par ceste sorte
Que mort l'individu, l'espece ne soit morte.

De puis de la clarté la Source inepuisée
Est comme au cœur du monde, où de tous les costéz,   376
Comme d'un bon archer qui a prins sa visée,
Et mille & mille traits penetrans sont jettez
Sans que la pointe en soit ni mousse ni brisée,
Ni qu'ils soyent d'avec l'arc separéz ou ostéz: 380
Et ainsi Apollon qui ses fleches élance,
Du grand Serpent Python[27] tousjours darde la pance.

Les autres trois d'apres Mars, Jupiter, Saturne,
Tiennent si bien leur rang que changer ne se doit;   384
Car estant Mars bouillant, Saturne taciturne,
L'un ardent, & hastif, l'autre pesant, & froid,
Jupiter temperé ainsi comme d'une urne
Esteint du feu de Mars, & regardant tout droit   388
Saturne dessus luy, de chaleur atiedie
Rechauffe & éclarcit sa face refroidie.

Et que diray-je plus? si des langues j'avoye
Autant que de clous d'or luisent au Firmament,   392
Si ne pourrois-je pas atant trouver la voye
De chanter du grand Dieu les œuvres dignement,
Et si tout l'Univers reduire je sçavoye
En une seulle vois, non assez fermement   396
Je pourroys entonner aus Citez supernelles,
De son Œil tout-voyant les graces éternelles.

Ne doutez donc jamais voyant telle concorde
Qui secrette entretient le Monde en sa beauté,   400
Qu'il n'y ayt un Patron qui manie & qui torde
L'ancre & le gouvernail selon sa volonté,
Et quoy que maintenant vous voyez la discorde
Pour la Religion, ou pour la Royauté,   404

Ne vous laissez aller comme une giroüette
Qui sans aucun arrest à tout vent piroüette.
    Mais pour tromper le temps lisez je vous supplye
Et à vostre loysir devuydez les discours   408
Qui comme en un rouet sont en mon Encyclie
Enfillez, & cueillis en meins Cercles & tours;
Au lieu de sonde, usez du fil que je replie,
Et vous n'en trouverez tous les replis si cours   412
(Comme j'estime & croy) que le plomb de la sonde,
Ne vous monstre combien la grand Mer est profonde.
    Je me suis enhardy, Illustre & bien-né Prince,[28]
Targué de vostre nom, de tels mots enhorter   416
Ceus que flotter je voy en Gaule la province,
Dont le nom se peut bien à l'effect r'apporter:
Et combien que je sois de vos servans le mince,
Si ay-je bien osé vous venir presenter   420
Mon service, & ma vie, & ce que je vous offre,
L'un des plus chers joyaus de l'escrin de mon coffre.
    C'est d'un Livre ou Tableau, le plan & simulacre,
Dans lequel sont tracez les mysteres secrets   424
De l'alme Eternité, que comme chose sacre
Depouille des Hebrieus, des Latins, & des Grecs
A vostre Nom sacré je dedie, & consacre,
Et par un sacrement qui devant ni apres,   428
Ne sera violé sinon par la mort blesme,
Je voüe à Dieu, & vous, mes Muses, & moymesme.[29]

2

GUY LEFÈVRE DE LA BODERIE
Encyclie, Cercle cinquieme

Celeste,[1] je te pry, ne passe plus avant,
Ains di le naturel de Nature davant.
Certes ce mot te plaist, & beaucoup te recrée,
Car nous parlon tousjours de ce qui nous agrée.   4
Tu redis tant de fois de Nature le nom,
Que tu me fais douter si c'est ton Dieu, ou non.
L'entretien des humains dessus ce mot tu fondes,

La profondeur du mot toutesfois tu ne sondes.   8
Qu'est-ce donc que Nature? est-ce nom imparfaict?
Qui de la cause ignore, ignore de l'effaict.
    L'une Nature est Dieu, mais elle est infinie.
L'autre, son instrument, est ainsi définie.   12
C'est la force, & vigueur éparse en l'Univers,
La cause du repos, & mouvemens divers:
Qui d'ordre si certain est conduite, & menée,
Qu'en l'inconstance mesme elle semble ordonnée: 16
Donc la subtilité ni par art, ni par main,
Ni par tous les engins de l'Artisan humain,
En sa perfection ne fut jamais attainte,
Bien que de l'ensuivir ait essayé main mainte.   20
Car elle qui est simple, & subtile en ses faicts,
Cache son excellence, & ses propres effaicts
(Au contraire de l'Art) dedans chacune chose,
De sorte qu'elle mesme elle s'y est enclose.   24
C'est afin que l'Ouvrier qui ne peut limiter[2]
Ses ouvrages couvers, ne puisse l'imiter:
Et qu' à l'ombrage obscur de son lustre il se mire,
Afin qu'en l'admirant, l'Autheur d'elle il admire.   28
Ainsi que tout Ouvrier demeure par dehors
Pour pourtraire, pollir, ou graver quelque corps:
Aussi quelque couleur, quelque trait qu'il y face,
L'ornement apparoist sans plus en la surface: 32
Si que la profondeur où l'Art ne peut entrer,
Rien sinon sa durté, en soy ne peut monstrer.
Mais de Nature l'art au dedans se reserre,
Pour exemple nous soit le Rondeau de la Terre.   36
La Terre en maint endroit ne monstre par dessus
Qu'une face ridée, & quelques monts bossus
Couvers de rude peau, vélue & hérissée
De ronces, de chardons, de pierres tapissée.   40
Mais si le laboureur luy veut fouiller au sein,
Et luy ouvrir les flancs, il trouvera tout plein
De féconde vigueur, des semences germées,
Des herbes, & des fleurs, & des plantes ramées.   44
    Aussy l'Ame qui fait & croistre, & bourjonner
Les arbres verdoyans, veut vivre & sourjonner
En la racine creuse: & tire sous l'escorce

Et la sefve & le suc, leur nourriture & force: 48
Qui les fait pulluler, & aus branches conduit
Du pied jusqu'au coupeau, & fueille, & fleur, & fruit:
Mesme au centre du fruit Nature émerveillable
Récele la Vertu d'engendrer son semblable.   52

3

MARGUERITE DE NAVARRE

Les Prisons, Livre second

Amour, qui n'est subject à la fortune,
Qui ne congnoist ne mouvement de lune,
Ne de soleil, ne changement de temps,
Ne veult, pour l'heur que posseder pretendz,   4
Me retarder de mes vers adresser,
Amye, à vous que je ne veulx laisser.
J'entendz laisser portant de vous le soing
Qui au salut de l'amy fait besoing;   8
Mais j'ay desir, après ma passion
Et les lyens de mon affection,
De vous monstrer le bien de ma franchise,
Pour essayer partout, en toute guyse,   12
Que je pourroys vous faire desirer
Ung tel plaisir ou vous y attirer.
Or donc, Amye, à ce commancement,
Le beau soleil me monstra clairement   16
L'ouvrage grand de ceste pomme ronde,
Le ciel, la terre et leur grandeur profonde,
Dont l'œuvre en est tant excellente et grande
Qu'il fault penser que Celluy qui commande,   20
Qui la regit, la gouverne et la meult,
Peult ce qu'il veult et qu'il veult ce qu'il peult.
Car qui pourroit tel chef d'œuvre parfaire,
Fors que Celluy qui de rien peult tout faire?   24
Je regardoys hault, bas, de tous costez,
Fort esbahy, Amye, n'en doubtez,
Comme celluy qui eut les yeux bendez
De cest amour, que bien vous entendez,   28

Trop longuement, ne pensant que Nature
Eust fait ça bas nulle autre creature
Sinon vous seulle, où ma veue estendue
Fut sans cesser, non ailleurs espandue,   32
Mais aveuglée en autre lieu estoit,
Car de vous seulle elle se contantoit.
Je regardoys par grande nouveaulté
Le ciel d'asur plain d'extresme beaulté,   36
Puys mon soleil le jour illuminant,
La lune aussy de nuict clarté donnant,
Estoilles quoy! en tel ordre et tel nombre
Que nul ne peult de ceste mortelle umbre   40
Clairement veoir leur compagnye entiere,
Et moins sçavoir que c'est de leur maniere.
Je viz après les notables planettes,
Les unes plus qu'autres claires et nettes,   44
Desquelles est le cours et la nature
Bien peu congneu à toute creature,
Mais leurs effectz des corps humains se sentent
Qui plus qu'à Dieu à elles se consentent,   48
Car l'homme heureux sur les astres domine
Quand Sapience et la Foy l'ilumine.
En regardant, je voyoys les nuées
Couvrir le ciel, et puys soudain muées   52
De lieu en lieu par ventz, aspres effors
Que le Puyssant produict de ses tresors,
Qui souvent sont par la pluye deffaictes,
Puys par vapeurs incontinant reffaictes   56
Aucunes foys, et par neige et par grelle;
Et quand le chault avec le froid se melle,
Creve et prent fin ceste nuée obscure
Par tonnerre et par fouldre laide et dure.   60
Car le Seigneur de tout cest exercice
Pour nostre myeulx bien souvent s'excercite
Mander ça bas ses messagers qu'il fait
De feu ardant: c'est ung œuvre parfaict.   64
Je ne sçavoys pourquoy Dieu fist la teste
De l'homme en hault differente à la beste,
Mais mainctenant je puis bien advouer
Que ce ne fut sinon pour le louer.   68

En regardant ce beau trosne luysant
Du Salomon, qui tout est conduysant,
Je ne povoys mon œil en bas besser,
Ny ce regard si très plaisant laisser;   72
Mais ma foiblesse enfin par forte guerre
Le contraignit de regarder la terre,
Là où je viz tout le plaisir que l'œil
Peult regarder, qui souvent fine[1] en dueil.   76
Je viz les champs, les prez herbuz et verdz.
Arbres portans fueilles, fleurs, fruictz divers.
J'advisay lors ces profundes foretz,
Ces grans estangs, fontaines et marez,   80
Pour abruver cerfz, sangliers, loups et daims,
Chevreulx, connilz et lievres bien soudains.
O qu'il fait beau veoir courir et trotter
Cerfz, et aux boys leurs grands testes frotter,   84
Pour myeulx povoir des princes se deffendre,
Qui nul travail ne prennent pour les prendre!
Moy qui avoys desprisé ce plaisir,
En les voyant en sentiz le desir.   88
Mais quoy! partout où mon regard se jette,
Beste ne voy qui ne soit très subjecte,
Quelque fureur, puyssance ou cruaulté
Qui soit en eulx, dessoubz la royaulté   92
De l'homme seul et dessoubz son empire;
Et si l'honneur qu'il en reçoit l'empire,
En l'ignorant, il sera fait semblable
A la jument et plus abhominable.   96
Donques je viz mainctes bestes passans
Par boys, par champs, et veneurs les chassans:
Les uns à force,[2] les autres de cordages.
Brief, j'apperceuz les façons, les usaiges,   100
Dont les veneurs sçavent les bestes prendre:
Ce que n'avoys par devant sceu entendre,
Pour ne penser qu'à la seulle entreprise
De bien garder celle[3] que cuydois prise.   104
Or, maintenant commance à pourchasser
Le grant plaisir que l'on prand à chasser.
D'autre costé, je voyoys fauconniers
Portans faucons, esperviers et laniers,[4]   108

Et tous oyseaulx et de leurre et de poing,
Dont par avant je n'avoys eu nul soing;
Prandre je viz le heron dans la nue,
Millan, perdrix et la pie et la grue,   112
Dont je trouvay le passetemps nouveau,
Et toutesfoys ne me sembla moins beau.
En tournoyant, je regarday rivieres
Portant bateaulx de diverses manieres,   116
Par le moyen desquelz pays se hantent,
Et comme amys estrangers se frequentent;
Car par la mer où les rivieres vont
Navigages increables se font.   120
Que ceste mer je trouvay admirable!
Que la congnoistre est chose desirable!
Je prins plaisir de veoir ceste balaine
Qui là dedans se joue et se promaine,   124
Et semble bien que peu l'homme elle prise
Duquel enfin par les faictz elle est prise.

4

GUY LEFÈVRE DE LA BODERIE

Encyclie, Cercle huitieme

Le feu celeste enclos en l'Ame du grand Tout
Dans le fourneau mondain d'un bout en autre bout   212
Fait passer par degrés Nature sublimée,
Et entretient de soy toute chose animée:
L'estre des Elémens fait vivre, & convertir
Aus racines du plant, les plantes fait sentir   216
Au corps des Animaus, & puis la chair des bestes
Dedans les corps humains, & aus trous de leurs testes
Il affine en pur Sang, & au fumet dongé[1]
Qui est dans les canaus de vos cinq sens plongé.   220
Mais le seul feu d'Amour qui au cœur s'alembique
Peut ce qui est en vous animal & lubrique
Sublimer en Esprit, le corps purifié
Prenant les qualitez d'un corps glorifié: 224
Car par ce feu d'Amour dont la substance est cuite

La Mort vostre ennemye en fin sera destruite:
Et brief ce feu d'Amour enbrasé au milieu:
D'un Esprit élevé, le transforme en son Dieu, 228
Et alors s'accomplit l'effect de la priere,
Que pour vous adressa l'Amour mesme à son Pere.
O Pere, disoit il, Qu'ilz soyent en moy faicts un
Ainsi qu'à toy & moy un seul Estre est commun. 232

Stones

5

RÉMY BELLEAU

L'Huistre, à P. de Ronsard

Je croi que l'esprit celeste,
L'esprit celeste des Dieux,
Baissant l'œil, tout courbé reste
Quelques fois sur ces bas lieux,   4
Pour se rire de l'ouvrage,
Que la Nature mesnage
Dessous la charge des cieux.

    Au vague repli des nuës   8
Ell' attache les oiseaux,
Dedans les foretz chenuës,
Les plus sauvages troupeaux,
Et la brigade muette   12
Du peuple escaillé ell' jette
Dessous le marbre des eaux.

    Mais ell' a bien autres choses
Et grandes pour enfanter,   16
Dans son large sein encloses,
Et qui les voudroit chanter
Oseroit-il pas encore
Grain à grain le sable more,   20
Et les estoiles conter?

    Voiés comme elle se joüe
Contre le rocher pierreux
De cest animant qui noüe[1]   24
Entre deux cernes huitreux.
C'est, c'est l'huistre que j'acorde
Sur la mieux sonante corde
De mon cistre doucereux.   28

    Voiés comme ell' est beante,
A fin de succer les pleurs

De l'Aurore,[2] larmoiante
Les rousoiantes douceurs!
Quand de sa couche pourprée
Elle bigarre l'entree
Du matin, de ses couleurs.
 Puis si tost qu'ell' est comblée
Jusques aux bors plainement,
De ceste liqueur, coulée
Du celeste arrosement,
Aussitost ell' devient grosse
Dedans sa jumelle fosse,
D'un perleux enfantement,
 Car suçottant elle attire
Peu à peu le teint pareil
Dont la nüe se remire
Par les raions du soleil,
Si pure, elle est blanchissante,
S'elle est palle, pallissante,
Si rouge, ell'prend le vermeil.
 Tant sa nature est cousine
Du ciel, qu'ell'ne daigne pas,
Vivant en plaine marine,
Y prandre un seullet repas,
Comme aiant la cognoissance
Que de la celeste essence
Tout bien decoule çà bas.
 O Nature trop gentille!
Sous le couvercle jumeau
D'une argentine coquille
Qui fais endurcir la peau
D'une perlette d'eslite,
Et la franche marguerite,
Prendre couleur de son eau.
 Tresor, qui la terre ronde
Fait rougir,[3] & fait ramer
Des quatre corniers du monde,
L'Orient, & l'Inde mer,
Tresor, qui de sa merveille
Fait la delicate oreille
Des princesses entamer.

32

36

40

44

48

52

56

60

64

68

Qui ne la diroit aprise
De quelques bons sentimens,   72
Quand elle fuit la surprise
Des pipeurs alechemens!
Joignant sa coquille en presse,
Pour rampar de la richesse,   76
Qu'elle nourrist dans ses flans?
    Vi, que jamais ne t'enserre
Le pié fourchu doublement
Du Cancre, qui te deserre   80
Pour te manger goulument,
Et laisse ouvrir ta coquille
Sans te montrer difficille
A mon Ronsard nullemement.   84

6

RÉMY BELLEAU

La Perle, à la Royne de Navarre

Je veus de main industrieuse
Sur les bords de l'onde fameuse
Choisir une Perle de pris,
Une Perlette dont la gloire   4
Sur les colomnes de Memoire
Immortelle emporte le pris.
    Perle dont jamais ne ternisse,
Ne s'enfume, & ne se jaunisse   8
Le lustre argenté de son eau,
Et que la force violante
Du Temps à la pince mordante,
N'offence & n'entame la peau.   12
    Belle & gentille creature,
Rare merveille de Nature,
Thresor qu'on ne peut estimer,
Plus precieux qu'on ne veit oncques,   16
Prisonnier au fond de deux Conques
Sur le sablon de l'Inde mer.
    Divine & celeste semence,
Qui tient sa premiere naissance   20

Du Ciel, & des Astres voisins,
Empruntant du sein de l'Aurore[1]
Son beau teint quand elle colore
Le matin de ses doigts rosins.

    Ores qu'elle soit citoyenne
De la plaine Neptunienne,
Si n'y prend-elle ses appas:
Mais comme hostesse dédaigneuse,
Des eaus de la mer escumeuse,
Ingratte, ne s'abreuve pas.

    Ayant plus de commun usage
D'alliance & de cousinage
Dedans le celeste pourpris,
Qu'avec l'escume mariniere,
Or' qu'elle soit son hosteliere,
Et qu'ailleurs son germe n'ait pris.

    Car, quand la saison plus gentille
A concevoir se rend fertile,
La Nacre s'ouvre, & promtement
Ceste gourmande creature
Beant reçoit la nourriture
De son perleus enfantement:

    Qui vient de la douce rosee
Du grand Ciel, dont l'Huystre arrosee
S'engrosse & s'enyvre au matin,
Ainsi que la levre tendrete
De l'enfant se paist & s'allaite
Suçottant le bout du tetin.

    Comme la Vierge époinçonnee
Des chastes flambeaux d'Hymenee,
Brusle & meurt d'un ardant desir
D'appaiser l'ardeur de sa flame:
Tout ainsi ceste petite ame
Souhaitte l'amoureus plaisir.

    Qui ne soit vray, l'on dit encore
La Perle fille de l'Aurore,
Quand pour alleger ses douleurs,
Soupirant apres son Cephale,
Dedans la mer Orientale
Pleurant s'emperlerent ses pleurs:

24

28

32

36

40

44

48

52

56

60

Larmes que les Conques perleuses,
Du fruit de leur mere amoureuses,
Mirent au fond de leur berceau:
Puis rondes les emmailloterent   64
Et nourrices les allaitterent
Du fecond germe de ceste eau.

Aussi la Perle se colore
Ainsi que sa flamme redore   68
Et donne teinture au matin:
S'elle est palle, elle est pallissante:
S'elle est jaunastre, jaunissante:
Pure, son fard est argentin.   72

Mesme quand Jupiter desserre
Les traits vengeurs de son tonnerre
De son bras rougissant d'éclairs,
Ou quand, despit, sur le rivage   76
Il brasse quelque espais orage
Par ses promts & venteus courriers:

Ceste creature debile
Aussi tost dedans sa coquille   80
Se renferme tremblant de peur,
Cause qu'elle altere sa face
Par trop jeusner perdant sa grace,
Son teint, sa force, & sa rondeur.   84

Car concevant en saison telle,
Que la tourmente plus cruelle
Trouble les humides cantons:
L'une est platte, louche, bossuë,   88
L'autre creuse, & l'autre moussuë,
Ainsi que petits avortons.

N'est-ce cas merveilleus en elles
De remarquer ces meres Perles,   92
Lors que la chaleur les atteint,
Se plonger dans les eaux profondes,
A fin que sous le frais des ondes
Elles conservent leur beau teint?   96

Et pour punir les mains avares
Des pescheurs & plongeons barbares,
Ou soit Arabe, ou soit Indois,
Les voir de pince vengeresse   100

Contre l'amorce piperesse
Tronçonner la main & les dois?
   Sachant bien receller enclose
Une richesse qui repose   104
Dans leurs flancs, qui les fait aimer,
Et fait qu'au peril de la vie
Ceste noble proye est suyvie
Jusqu'aux abysmes de la mer.   108
   Puis nagent ces troupes Huytreuses
Dessous les campagnes vitreuses
Sous un chef en gros bataillons,
Comme la troupe mesnagere   112
Des Avettes vole legere
Sous un Roy dans leurs pavillons.
   Perle gentille, mise en poudre[2]
Qui sçait l'humeur fondre & dissoudre,   116
Qui nous rend froids & catarreux,
Et qui de vertu non connuë
Eclarcist & chasse la nuë
Qui nous flotte dedans les yeux.   120
   Poudre qui retiens la puissance
Par une secrette influance
Seicher toute mauvaise humeur,
Et des pasmoisons donteresse   124
Soudain remettre en allaigresse
Les poulmons, le foye & le cueur.
   Poudre secrettement unique
Pour purger le melancolique,   128
Ou cil qui seche languissant
D'une fievre, ou d'un mal de teste:
Poudre qui doucement arreste
Le flux qui coule rougissant.   132
   Perle que jamais ne s'efface
Le lustre argenté de ta face,
Et que l'on ne détrampe pas,
Ainsi que la Perle Indienne   136
Que la prodigue Egyptienne[3]
Gourmanda seule en un repas.
   Or va doncques, Perle d'eslite,
Va trouver ceste MARGUERITE,[4]   140

Des beautez la Perle & la fleur,
Et fay tant que tu trouves place
A son oreille, ou sur sa face,
A fin de gaigner sa faveur.   144
   Si tu l'as, Perlette mignonne,
Ce Faucheur ailé⁵ qui moissonne
Tout cela qui vit dessous l'aer,
Ne sçauroit offenser la grace   148
Des chastes honneurs de ta face,
Ny le teint qui te fait aimer.

7

RÉMY BELLEAU

La Pierre d'aymant ou Calamite

Se voit il sous le Ciel chose plus admirable,
Plus celeste, plus rare, et plus inimitable
Aux hommes inventifs, que la pierre d'Aymant?¹
Qui le fer & l'acier vivement animant   4
Prompte les tire à soy, & de gente allaigresse
Ces metaux engourdis et rouillez de paresse
Esleve haut en l'air, fait tourner & marcher,
Les presse, les poursuit, pour mieux les accrocher?   8
   Tout cela que Nature en ses ondes enserre,
Sous les replis de l'air, sous les flancs de la terre,
N'est point si merveilleux. Et quoy? n'estoit-ce assez
Aux rochers caverneus, aux antres emmoussez,   12
Aux pierres, aux caillous avoir donné en somme
La parolle & la vois, qui respond mesme à l'homme?
Babillant, fredonnant, gazouillant, & parlant
Les accents dedans l'air qu'elle va redoublant?   16
Sans les avoir armez & de mains & d'accroches,
De petits hameçons, de secrettes approches,
Des traits mesme d'Amour, pour attirer à soy
Le fer opiniastre, & luy donner la loy?   20
   Se voit il rien çà bas plus dur & moins dontable
Que ce metal guerrier? moins dous & moins traitable?
Mais en ceste amitié le donteur est donté,
Et le vainqueur de tout d'un rien est surmonté,   24

Courant deçà delà sans esgard & sans guide
Apres je ne sçay quoy, qui s'espand dans le vuide.
   Chef d'œuvre de Nature, & plus audacieux,
Que d'avoir esbranlé par les cercles des cieux,   28
De gros Ballons ardans, & dans les eaux sallees
Fait faire le plongeon aux troupes écaillees!
   Mais quel nœu d'amitié fait joindre ces deux corps,
Que Nature a faict naistre imployables & forts?   32
La Calamite errante, & de soif alteree,
De ne sçay quelle ardeur cruellement outree,
Evente ce metal, halletant & soufflant
D'un desir importun, qui chaud la va bruslant: 36
Puis l'ayant découvert, le cherist & l'embrasse,
Le caresse, le baise, & le suit à la trace,
Comme un ardant Limier au plus espais du bois
Lance & poursuit le Cerf pour le mettre aux abois,   40
Et de nez odoreux & d'haleine flairante
Choisist l'air échauffé de la beste courante.
   Des choses que lon voit sous le Crystal des cieux,[2]
Coulent de petits corps, qui vont battant nos yeux   44
Sans treve & sans repos d'une vive secousse,
S'amasse un air voisin, qui s'eslance & se pousse,
Qu'on ne peut concevoir que par le jugement
Qui vient d'ouir, de voir, du goust, du sentement.   48
   Nous sentons en Hyver la froideur des rivieres,
En Esté du Soleil les flammes journalieres,
Et les vents orageus des ondes de la mer,
Nous entendons les vois qui s'espandent par l'aer,   52
Mesmes estants voisins des bords de la marine,
Il vient à nostre bouche un fraichin de saline,
Qui part de ce grand flot, qui postant nous fait voir
De l'Aquilon venteus jusques au peuple noir.[3]   56
Qui n'a senti de l'air la tempeste orageuse?
Veu sous les flancs cavez d'une roche orgueilleuse,
Distiler goutte à goutte une fraiche liqueur?
Qui n'a senti le froid, la chaleur, & l'odeur?   60
Veu rouler de nos fronts une sueur salee?
Au travers de l'airain une vapeur gelee?
Penetrer la chaleur au travers d'un vaisseau?
Veu la barbe, & le poil cotonner sur la peau?   64

Senti le doux parfum & l'odeur des fleurettes?
La douceur, & l'aigreur? & des herbes infettes
La puanteur aussi? Doncques il est certain
Que la semence part comme un nouvel essain 68
Au retour du Printemps, qui se jette & se cruche[4]
Dans un arbre fueilleu au sortir de la ruche.
 De ceste pierre donc se dérobe & s'enfuit
Un mouvement, un flot, une chaleur qui suit 72
Ce metal qu'elle anime, ayant de violence
Escarté l'air voisin, qui luy faisoit nuisance.
Dans ce vuide aussi tost les premiers elemens
De ce fer à l'Aymant par doux acrochemens 76
Embrassez & collez, comme par amourettes,
Se joignent serrément de liaisons secrettes:
Qui fait que l'air enclos dedans ces corps pressez,
Piquez à menus trous, échauffez, & percez 80
D'un mouvoir importun, accolle, frappe, & pousse
La semence du fer d'une vive secousse:
Se rencontrant ainsi, se collent serrément
L'un à l'autre aussi tost d'un dous embrassement. 84
Tout ainsi que la Vierge éperdûment espointe
Des fleches de l'Amour, de forte & ferme estrainte
Serre son favorit, & de bras & de main
Luy pressant l'estomac contre son large sein. 88
Ou comme le lierre en tournoyant se plisse
Contre un Chesne moussu, d'une alleure tortisse:
Ce metal tout ainsi, se sentant caressé
Tost s'accroche à l'Aymant, & le tient embrassé. 92
 Voyla donc les appas, & l'amorce friande
Dont il se paist, goulu: le fer est la viande
Et l'aliment confit, et trampé de rigueur,
Qui benin l'entretient en sa force et vigueur: 96
C'est du fer qu'il prend vie, & par les flancs armee
De limaille de fer ceste pierre animee
Par secrete influence, ainsi que de la main,
Tire le fer à soy pour appaiser sa faim: 100
De ce metal absente ha les veines beantes
D'une bruslante soif, ses entrailles mourantes
Et son corps affoibly à faute d'aliment
S'altere languissant, & pert le sentiment. 104

Comme un Amant pipé d'une fascheuse attente
Soupire apres les yeux de sa maistresse absente,
La cherche, la reclame, & comblé de rigueur
Ne songe nuict & jour qu'à domter sa fureur: 108
Comme moy, plus chetif que n'est la Calamite,
Qui vostre cueur ferré, d'une eternelle suite
Va tousjours desirant, caressant, poursuyvant,
Mais plus je l'importune, & plus me va fuyant: 112
Car le vostre & le mien, comme deux adversaires,
Vivent separément d'affections contraires:[5]
Le mien prompt et subtil, de l'Amour est espoint,
Et le vostre engourdy ne s'en échauffe point,   116
S'ébranlant aussi peu de la force amoureuse,
Qu'aux soupirs d'Aquilon une roche orgueilleuse,
Estant plus froid que Marbre, ou que le vent d'Hyver,
Qui renglace, cuisant, l'onde, la terre, & l'aer.   120
Or l'image qui part de tous ces corps spirables,[6]
N'est de pareil effect, ny de forces semblables:
Autre est celuy de l'Or, que celuy de l'Airain,
Du Verre, de l'Argent, du Fer, & de l'Estain,   124
Estant ces corps entre eux de diverse nature,
Diversement ourdis[7] d'air, & de contesture,
Cause qui vont suyvant, flairant, & recherchant
Pareilles amitiez qui les vont allechant,   128
En fuyant leur contraire: Une guerre immortelle
Se couve & se nourrist si fierement cruelle
Entre le Fer massif, & le corps de l'Airain,[8]
Que mis entre le Fer & l'Aymant, tout soudain   132
Leur amitié se rompt, le Fer prenant la fuite
A fin de n'éventer l'air de la Calamite.
Car, apres que l'Airain de ses rayons plus forts
A bouché les pertuis, & comblé jusqu'aux bords   136
Tout le vuide du Fer, la force & la semance
De l'Aymant se rebouche, & trouve resistance
Qui luy defend l'entree, estant le Fer tout plain
Du flot & du bouillon des rayons de l'Airain.   140
Mais entre nos deux cueurs y a-til point, Maistresse,
Quelque Airain morfondu, qui fait que la rudesse
Du vostre ne s'échauffe, & n'approche le mien?
Le mien, qui ne souspire, & qui n'aspire rien   144

Que de vous estre serf, mais las! plus l'esperance
Trompeuse le repaist, moins prend-il d'asseurance:
Plus je pense estre aimé de vos rares beautez,
Plus je sens de vos yeux les fieres cruautez.   148

  N'est-ce merveille encor, outre ces cas estranges,
Et les accrochemens de ces nouveaux meslanges,
Voir ce corps Aymantin animé de fureur,
Ainsi que de l'Amour, ou de quelque autre ardeur,   152
Suyvre les feux dorez des estoiles Ursines,[9]
Qui craignent se bagner dedans les eaux marines,
Eternelles roulant à l'entour de l'essieu?
Mais sent-il point encor la pointe de l'espieu   156
D'Arcas[10] le fils bastard, & gardien de l'Ourse?
Quand chassant par les bois, échauffé, prist la course
Pour enferrer sa mere au poil aspre & rebours,
De ce grand Jupiter trop cruelles Amours?   160
Qui changea les beautez, & les graces modestes
De Caliston la vierge en ces flammes celestes,
Apres l'avoir armee & de dens & de peau,
Pour accroistre des Ours le sauvage troupeau?   164

  Ou c'est l'influs secret des rais & de la flame
De l'Ourse qui l'inspire & qui luy donne l'ame,
Ou quelque cousinage, ou bien je ne sçay quoy
De friand qui l'amorce & qui l'attire à soy.   168
Car le fer aiguisé sans force & sans contrainte
Frotté contre l'Aymant, tourne tousjours la pointe
Vers le Septentrion,[11] qui rend les jours partis
En minutes, en quarts, & les vens assortis   172
Chacun en son quartier, retranchant mesuree
La flamme du Soleil, & l'humide contree.[12]

  Invention des Dieux! avoir tiré l'esprit
D'un caillou rendurci, qui sans sçavoir apprit   176
Aux hommes journaliers, de tirer un mesnage
Des jours, des mois, des ans, ruine de nostre âge!
De là nous cognoissons qu'en ce grand Univers
Tout se fait d'amitié, rien n'y va de travers,   180
Tout marche, roule & suit sous la sainte ordonnance
De ce grand Dieu, qui tient tout le monde en ballance.

  Ha siecle malheureus, & veuf de jugement,
Où les hommes grossiers ont moins de sentiment,   184

Moins de grace & d'amour que le fer ny la pierre,
Armez de cruauté, & tous nez pour la guerre,
Ennemis de la Paix, promts à souiller leurs mains
Au sang de leur voisin, tant ils sont inhumains!   188
Siecle trop ignorant des douceurs de la vie,
Fertile de malheur & pallissant d'envie,
Nous faisant savourer en ce val terrien
Plus aigrement le mal, que doucement le bien!   192
    Or la pierre d'Aymant non seulement attire
La froide horreur du fer, mais le fer qu'elle inspire
De sa vive chaleur, attire l'autre fer:
Communiquant sa force, & les rayons de l'aer,   196
Qui coulent de l'Aymant, au fer qu'il outrepasse:
S'entre-poussant ainsi que sur l'humide espace
Les haleines des vents promts & vistes courriers,
Vont poussant par derriere au gré des mariniers   200
Et voiles & vaisseaux, volant d'ælles legeres
Pour empietter l'Or fin des rives estrangeres.
    Cause que nous voyons & quatre & cinq anneaux
Suspendus dedans l'air d'accrochemens nouveaux,   204
L'un à l'autre collez de liens invisibles,
Comme si de l'amour entr'eux estoyent sensibles,
L'un l'autre se couplant de secrette amitié,
Qui ces deux corps inspire à trouver leur moitié.   208
    Ainsi de la Torpille[13] une vapeur se jette
D'un air empoisonné qui coule à la languette
De l'hameçon pipeur, passant subtilement
Par le fer engourdy d'un estourdissement,   212
Du fer il monte au poil de la ligne tremblante,
Et du poil, à la verge, & à la main pendante
Du Pescheur dessus l'eau restant morne & blesmy,
En voyant sa main gourde, & son bras endormy.   216
    Mesmes l'on tient pour vray, que les costes ferrees
Des vaisseaux arrestez sur les ondes verrees,
Qui vont rongeant les piez du rocher Aymantin,
Se deferrent soudain, & n'y a clou en fin,   220
Esperon, ny crochet, boucle, crampon, ny bande
Qui ne laisse le bois, & prompt ne se débande,
Ne s'arrache & ne sorte, à fin de s'accrocher
Contre les flancs larrons de l'Aymantin rocher.   224

Il y a de l'Aymant de couleur noire & perse,
De blanc, & de blaffard, mais de force diverse.
Le noir, masle guerrier, n'attire que le fer:
Et le blanc, feminin, n'attire que la chair.   228
On dit que le blaffard de couleur jaunissante
Porte ceste vertu, qu'une lame innocente,
De ce caillou frottee, entre par le travers
Sans offenser la chair des muscles & des ners,   232
Qui plus est: sans douleur, & sans que de la playe
Le sang froid & glacé en ruisselant ondoye:
Car le coup se reprend, & se ferme soudain
Sans parestre, restant le corps entier & sain.   236
     On conte qu'un Berger decouvrit ceste pierre,
Fichant de son baston la pointe dans la terre
Sur le mont Idean: Car le fer approché
De l'Aymant espion, soudain fut accroché.   240
     Le plus voisin de nous, est celuy que l'Espagne
Liberale nous vend, l'Itale, & l'Alemagne:
Le meilleur est celuy que l'Ethiope Indois
Trouve dedans le sein de son riche gravois:[14]   244
L'autre & le plus commun, se nourrist és minieres,
Prend la force & le pois des terres ferronnieres:
Nature ne voulant cacher dedans son sein
Le bien qui sert à l'homme, & qui luy fait besoin.   248
     Car on tient pour certain, que l'Aymant est propice[15]
Pour les accouchemens attaché sur la cuisse:
Bon contre le venin, & pour le mal des yeux
Quand ils sont larmoyans, rouges, & chassieux: 252
Bon pour la chasteté, & pour se rendre aymable,
Courtois, facond, discret, gracieus, accostable:
Propre pour alterer, & pour estancher l'eau
Qui flotte entre la chair & le gros de la peau.   256
     Va donq, va donq, Aymant, va trouver ma Maistresse,
Et si tu peux, subtil, détramper la rudesse
De son ame ferree, & l'attirer à toy,
Plus fort te vanteray, & plus vaillant que moy,   260
Qui n'a peu l'esmouvoir par ouvertes allarmes,
Cruelle dédaignant mes soupirs & mes larmes,
Plus dure mille fois que le fer endurci,
N'ayant de mon malheur ny pitié ny merci.   264

Fish, Plants and Medicine

8
GUY LEFÈVRE DE LA BODERIE
Encyclie, Cercle premier

. . .

Que diray-je du Thin[1] qui peut l'homme enseigner,   293
Et du cours du Soleil les bornes assigner?
Qui sent bien quand le jour à la nuit il égalle,
Et quand il est si bas que plus il ne devalle?   296
Car quand il est au point du Chevre-corne entré,
Le Thin demeure au lieu où il s'est rencontré
Sans en partir jamais, jusques à tant qu'il sente
Que dessous le Mouton soit du Soleil la sente.[2]   300
Or les Thins ne sont pas seulement scrutateurs
Du bel ordre du Ciel, mais grans observateurs
Des Nombres composés, & de l'Arithmetique:
Par grands troupes ils vont d'une forme Cubique   304
A six costez egaus, dont est environné
De double front nageant leur scadron ordonné;
Si que facilement celui qui les épie
S'il sçait le premier rang, & qu'il le multiplie   308
Par luy mesmes, aura par le nombre produit
En soy multiplié, tout le conte reduit.[3]

9
RENÉ BRETONNAYAU
Des Hemorrhoides, & leur cure

Comme l'on voit rougir sur son arbre la meure,
Qui sage à faire fleur la derniere demeure:
Comme l'on voit les grains sur la grappe grossir,
Ainsi au fondement voit-on souvent noircir   4
De gros bouttons de sang, que la nature humaine

Tasche d'espanouir, deschargeant la grand veine,
Le foye, & mesentere, & la rate, & les reins,
Quand le sang est mauvais ou qu'ils en sont trop pleins,   8
Par des conduicts expres qui droictement descendent,
Où les gros excremens d'ordinaire se rendent.
Garde de retenir ce sang noir & infect,
Retenu, un degas de tout le corps il faict.   12
Il regorge aux poulmons, au cerveau & au foye,
Ou leur chaleur estinct, ou leurs espris il noye.
Tous n'y sont obligez, ains tant seulement ceux
Que le malin Saturne[1] a veu naistre des cieux.   16
Mal, & non trop grand mal, car Hippocrate afferme
Qu'il est bon que le corps se purge, à certain terme,
De la goutte potine[2] & rend du lepre franc:
Il escure les reins, & la mere,[3] & le flanc.   20
Que l'ame il assagist de vapeurs obscurcie,
Jette les songes-creux hors de la fantaisie.
Car si le sang est pur dont les esprits sont nez,
De l'ame table rase instrumens destinez,   24
Si seche est sa vapeur l'ame sera tressage,
Averant d'Heraclit' le tenebreux adage.
Ce degout limonneux coulant hors des vaisseaux,
Exempte les humains de mille & mille maux.   28
Si ces bourgeons enflez & retenans le sang,
Durs te font endurer une passion grand':
Bonne y est la racine à la vigne porrette,[4]
Pourveu que d'une noix en la coque on la mette,   32
La coque sur le mal: mais bien garder se faut
Qu'on ne blesse le sain par le secours trop chaut.
Tu prendras du sel blanc de grenadine motte,
Dont le rouge surgeon de la morene[5] frotte;   36
Ou de la suye encor merque de feu esteinct,
Dont son image ombreux le peintre docte peint:
Avecques du miel en l'appliquant meslee,
Faict cesser les douleurs, de la morene enflee.   40
    Si ces cuisans bouttons sont plus que feu ardens,
Fay bouillir en de l'eau pour les bagner dedans,
La guymauve[6] & la mauve, & la fleur odorante
Du gentil melilot,[7] et l'autre jaunissante   44
De la mille-pertuys,[8] de qui les saincts parfums

Font, ce dit-on, fuir les ombres des defuncts:
En la graine de lin, l'ulcere douloureuse
Oincte d'huile rosat,[9] de lytarge et ceruse,[10]   48
S'appaisera tantost, mais plustost ce sera
Si on y mesle avec des larmes de Myrrha
Et de l'encens sacré par la liqueur espreinte
Du pavot incisé, ceste ardeur est esteinte: 52
Si du saffran de Tyr y joins le cheveu blond,
D'un œuf au feu durcy on prent le moyeu[11] rond,
De la puciere graine[12] estreins le mucilage,
Tous ensemble brouillez ont dompté ceste rage.   56
L'herbe qui mieux ressemble au serpent terre né,
Qui naist au temps qu'il sort, quand il est retourné
Au ventre de sa mere, aussi l'herbe se cache,
Marquetant sur son dos, comme luy, mainte tache.   60
La ré[13] feras rostir sous un brasier ardent,
Et celles-là d'arum au goust acre et mordant:
Les fueilles du plantain, & du pourreau les fueilles,
Les fueilles & les fleurs, des bouillons font merveilles.   64
Et le jaune d'un œuf, & le pain bien fresé[14]
Ont ces grandes chaleurs meslangez appaisé.
La morene s'accoise[15] alors qu'on la parfume,
A la vapeur qui sort du bouillon qui s'allume: 68
Le suc du pourpie[16] gras, ou tout le simple cuit,
Y sert avecque un œuf entierement enduict,
Ou avecque l'onguent qu'on fait du bourgeon tendre,
Qui du peuplier commance ores l'escorce fendre.   72
L'huile qui des noyaux de pesches est espreinct,
Fort singulier y est, si le mal en est oinct.
Du jus de jusquiame[17] & celuy que l'on presse
Du senegré[18] cornu, frotté, la douleur cesse.   76
    Que si la vene seigne, & que le sang meilleur,
Se gastant, gaste aussi la meilleure couleur:
Du lievre grand aureille il sera bon de prendre
Le poil mollet & doux, de l'endroit le plus tendre,   80
Et du Dragon le sang vermeillement espez,
De l'elephant blessé, qui creve soubs le faix.
Ta composition tu rendras plus puissante:
Y joingnant le boutton de la fleur rossoyante   84
De grenadier piquant, avecque des blancs d'œufs:

Ce flux arresteront, appliquez par dessus.
La toile d'Aracné où la fleur est volee
De froment, le reserre, estant dessus collee. 88
Ards la cime[19] bourruë & en cendres reduy,
De l'herbe pied de lievre,[20] sur la playe l'enduy.
De chouz, de coques d'œufs les esteintes flammesches,
Cendre de tartre gris, poudre des os de seches:[21] 92
Poudre de coupperose,[22] un humeur congelé
Es veines de la terre, & de l'alun bruslé,
Il te faut saupoudrer la sale Hemorrhoïde.
Jette encor sur ce mal deshonneste & humide, 96
De l'aloe[23] poudroyé en vin cuit espessy,
Du genevre odorant jette-y la gomme aussi:
N'oubly d'y joindre l'huile où la rose fleurie
A trempé, ou bien l'arbre à Venus favorie. 100
Le rosmarin fueillu, le roncier espineux,
Cuits, et dessus enduicts sechent le mal seigneux.
L'herbe que les bergers ont appellé leur bourse,
Cuitte appliquee a mis tout à sec ceste source. 104
Ards du liege leger la renaissante peau,
Brusle le plomb pesant, les plumes d'un corbeau,
Les cendres sursemant sur la sanglante meure,
Tout court le sang fuiart dans sa veine demeure: 108
Il se guerist du tout du mal trop ennuyeux,
Qui des bougranes[24] boit le bouillon ou le jus.
    Si la meure est profonde à l'œil non descouverte,
Une cyboule[25] cuy soubs les cendres couverte: 112
Mets du vinaigre avec & l'amer[26] verdoyant
D'un bœuf, dans un mortier le remuant, broyant
Souvent, l'appliqueras, si elle est aperçeuë,
Perce-la moy hardy, attache y la sang-suë. 116
L'herbe, ou jus formiant de l'ortië qui put,
Autant que la sang-suë ou la lancette peut.
Des fueilles de figuier ou de l'apparitoire,[27]
Aspre frotte les bouts de ton ampoule noire. 120
Qui du jus de cyclame a son mal fomanté,
Ou qui de sa racine a ses tumeurs frotté:
Qui en vinaigre fort un ongnon cuit demesle,
Qui de la colocynthe[28] applique la mouëlle, 124
Qui les estuve d'eau où le petit centaur'

Sera pourry de cuire, où de l'aluyne[29] encor'
La racine a bouilly, de la flambe[30] ou auronne,[31]
De la Brione[32] aussi & amere maronne.   128
A l'huile de moustarde il faut joindre le sel,
La fiente de pigeon, l'amertume du fiel.
Tous ensemble pillez l'Hemorrhoïde s'ouvre,
Si de cest ongnement tu la touche et la couvre.   132

10

PIERRE DE RONSARD
La Salade, à Ama. Jamyn

Lave ta main blanche gaillarde & nette,[1]
Suy mes talons, aporte une serviette,
Allon cueillir la Salade, & faison
Part à noz ans des fruitz de la saison.   4
D'un vague pas, d'une veuë escartée
Deçà delà jetté & rejettée
Or' sur la rive, ores sur un fossé,
Or' sur un champ en paresse laissé   8
Du Laboureur, qui de luy-mesme aporte
Sans cultiver herbes de toute sorte,
Je m'en iray solitaire à l'escart.
    Tu t'en iras, Jamyn,[2] d'une autre part   12
Chercher songneux, la Boursette[3] toffuë,
La Pasquerette à la fueille menuë,
La Pimprenelle heureuse pour le sang,
Et pour la ratte, & pour le mal de flanc,   16
Et je cueill'ray, compagne de la mousse,
La Responsette[4] à la racine douce,
Et le bouton de nouveaux Groiseliers
Qui le Printemps annoncent les premiers.   20
    Puis en lysant l'Ingenieux Ovide
En ces beaux vers où d'amour il est guide,[5]
Regangnerons le logis pas à pas:
    Là recoursant jusqu'au coude nos bras,   24
Nous laverons nos herbes à main pleine
Au cours sacré de ma belle fonteine,[6]

La blanchirons de Sel en meinte part,
L'arrouserons de Vinaigre Rosart,   28
L'engresserons de l'huille de Provence:
L'Huille qui vient aux oliviers de France
Rompt l'Estomac, & ne vaut du tout rien.

Voila, Jamyn, voila mon souv'rain bien,   32
En attendant que de mes veines parte
Cette execrable horrible fiebvre Quarte[7]
Qui me conssomme & le corps & le cœur
Et me fait vivre en extreme langueur.   36

Tu me diras que la Fiebvre m'abuze,
Que je suis fol, ma Salade & ma Muse:
Tu diras vray: je le veux estre aussy,
Telle fureur me guarist mon soucy.   40
Tu me diras que la vie est meilleure
Des Importuns, qui vivent à toute heure
Aupres des Grandz en credit, & bonheur,
Enorgueilliz de pompes & d'honneur: 44
Je le sçay bien, mais je ne le veuz faire,
Car telle vie à la mienne est contraire.[8]

Il faut mentir, flater, & courtizer,
Rire sans ris, sa face deguiser   48
Au front d'autruy, & je ne le veux faire,
Car telle vie à la mienne est contraire.

Je suis pour suivre à la trace une Court,
Trop maladif, trop paresseux, & sourd,   52
Et trop creintif: au reste je demande
Un doux repos, & ne veux plus qu'on pende
Comme un pongnard, les soucis sur mon front:

En peu de temps les Courtizans s'en vont   56
En chef grison, ou meurent sur un coffre.

Dieu pour salaire un tel present leur offre
D'avoir gasté leur gentil Naturel
D'Ambition & de bien Temporel,   60
Un bien mondain, qui s'enfuit à la trace,
Dont ne jouïst L'acquereur, ny sa race:
Ou bien, Jamin, ilz n'auront point d'enfans,
Ou ilz seront en la fleur de leurs ans   64
Disgratiez par Fortune ou par vice,
Ou ceux qu'ilz ont retrompez d'artifice

Les apastant par subtilles raisons,
Feront au Cïel voller leurs oraisons:
   Dieu s'en courrouce, & veut qu'un pot de terre[9] 68
Soit foudroyé, sans qu'il face la guerre
Contre le Ciel, & serve qu'en tout lieu
L'Ambition est desplaisante à Dieu, 72
Et la faveur qui n'est que vaine bouë,
Dont le destin en nous moquant se jouë:
D'où la Fortune aux retours Inconstans
A la parfin les tombe malcontens, 76
Montrant à tous par leur cheute soudaine
Que c'est du vent que la farce mondaine,
Et que l'home est tresmal'heureux qui vit
En court estrange, & meurt loing de son lit. 80
   Loing de moy soit la faveur & la Pompe,
Qui d'aparence, en se fardant, nous trompe,
Ains qui nous lime & nous ronge au dedans
D'Ambition & de soucis mordans. 84
   L'Ambition, les soucis & l'envie,
Et tout cela qui meurdrist nostre vie,
Semblent des Dieux à tels hommes, qui n'ont
Ny Foy au cœur, ny honte sur le front: 88
   Telz hommes sont Colosses inutilles,
Beaux par dehors, dedans pleins de chevilles,
Barres & clous qui serrent ces grandz corps,
   En les voyant dorez par le dehors, 92
Un Jupiter, Apollon, ou Neptune,
Chacun revere & doute leur Fortune:
Et toutefois tel ouvrage trompeur,
Par sa haulteur ne fait seulement peur 96
Qu'aux Idiotz: mais l'home qui est sage
Passant par là ne fait cas de l'ouvrage:
Ains en Esprit il desdaigne ces Dieux,
Portraits de Plastre, & luy fachent les yeux, 100
Subjets aux vents au froid & à la poudre.
   Le pauvre sot qui voit rougir la foudre
A longs rayons dedans leur dextre main,
Ou le trident à trois pointes d'airain, 104
Craint & pallist devant si grand Colosse,
Qui n'a vertu que l'aparence grosse,

Lourde, pesante, & qui ne peut en rien
Aux regardans faire ny mal ny bien,   108
Sinon aux fatz, où la sottize abonde
Qui à credit craignent le rien du Monde.

   Les pauvres sotz dignes de tous mechefz
Ne sçavent pas que c'est un Jeu d'Eschetz   112
Que nostre courte & miserable vie,
Et qu'aussy tost que la Mort l'a ravie
Dedans le Sac somes mis à la fois
Tous pesle mesle, & Laboureurs & Rois,   116
Valetz Seigneurs en mesme sepulture.

   Telle est la loy de la bonne Nature,
Et de la Terre, en son ventre qui prend
De fosse egalle & le Pauvre & le Grand,   120
Et montre bien que la gloire mondaine,
Et la grandeur est une chose vaine.

   Ah! que me plaist ce vers Virgilian[10]
Où le vieillard pere Corytian   124
Avecq' sa Marre[11] en travaillant cultive
A tour de bras sa terre non oysive
Et vers le soir sans achepter si cher
Vin en Taverne, ou chair chez le Boucher,   128
Alloit chargeant sa table de Viandes,
Qui luy sembloient plus douces & friandes
Avecq la faim, que celles des Seigneurs
Pleines de Pompe & de fardez honneurs,   132
Qui desdaigneux, de cent viandes changent
Sans aucun goust: car sans goust ilz les mangent.

   Lequel des deux estoit le plus heureux?
Ou ce grand Crasse en escus plantureux,   136
Qui pour n'avoir les honneurs de Pompée
Alla sentir la Parthienne espée,
Ou ce vieillard qui son champ cultivoit
Et sans voir Rome en son jardin vivoit?   140

   Si nous sçavions, ce disoit Hesiode,[12]
Combien nous sert l'Asphodelle, & la mode
De l'acoutrer, heureux l'home seroit,
Et la Moitié le Tout surpasseroit: 144
   Par la Moitié il entendoit la vie
Sans aucun fard des laboureurs suivie,

Qui vivent sains du labeur de leurs doigtz,
Et par le Tout les delices des Rois.   148
    La Nature est, ce dit le bon Horace,
De peu contente, & nostre humaine race
Ne quiert beaucoup: mais nous la corrompons
Et par le trop Nature nous trompons.   152
    C'est trop presché: donne moy ma salade:
El' ne vaut rien (dis-tu) pour un malade!
    Hé! quoy, Jamyn, tu fais le Medecin!
Laisse moy vivre au moins jusqu'à la fin   156
Tout à mon aise, & ne sois triste Augure
Soit à ma vie ou à ma mort future,
Car tu ne peux ny moy pour tout secours
Faire plus longs ou plus petis mes jours: 160
Il faut charger la Barque Stygieuse:
"La Barque, c'est la Bier sommeilleuse,
"Faite en bateau: le Naistre est le Trespas:
"Sans Naistre icy l'home ne mourroit pas: 164
"Fol qui d'ailleurs autre bien se propose,
"Naissance & Mort est une mesme chose.[13]

II

PONTUS DE TYARD

Les roses de son Isle

L'Aurore qui se mignardoit[1]
En desnoüant ses cheveux blonds,
Derrier soy Phebus regardoit,
Jà-jà luy pressant les talons: 4
Et au souvenir de Cephale,
Sur son teint vermeillement pale
Pleuroit doucement la rosée,
Dont cette Isle estoit arrosée.   8
    Quand pour fuir à la frescheur
Le feu qui m'accompagne, & suit,
Couché dessus ce bord pescheur,
Las d'une languissante nuit,   12
Montant ma Lyre Lydienne[2]

Au chant de Progne,[3] & Philomenne,[4]
Je veis mille fleurantes roses,
Ou entr'ouvertes, ou descloses.   16
   Un petit Alabastre vert,
Un petit Cylindrin bouton,
Je veis beant, & entr'ouvert
Aux pleurs de la femme à Thiton:[5]   20
Je veis par une verte jointe
Une petite blanche pointe,
Puis une rouge, un peu mieux née,
En obelisque façonnée.   24
   Je veis d'une egale rondeur
Cinq petis doiz fermans un cloz,
Où vint feuillons crespez en cœur
Estoient mignonnement encloz: 28
Là de Cynabre,[6] là, d'Albastre
Se creusoit un petit Theatre,
Une petite[7] forme expresse,
Du gelasin de ma maistresse.   32
   J'en veis une autre qui ouvroit
Le sein de son plus beau tresor,
Et en son centre descouvroit
Vint petites flamesches d'or   36
Enceintes de feuilles vermeilles,
Au teint de ma Nymphe pareilles,
Quand une gaye honte assemble
Et sa neige, & son Nacre ensemble.   40
   Une autre à grand peine naissoit,
M'y montrant un petit brin blanc,
Qu'une espine luy tresperçoit
Cruellement le gauche flanc.   44
Plus languissamment est panchée,
Plus la poind l'espine accrochée:
Et tant plus de sortir essaye,
Plus, plus, croit la meurtriere playe.   48
   La blanche, & la rouge je veiz,
Qui l'une en l'autre se courboient,
Et le teint naïf des Rubiz,
Et du lait, s'entre-desrobboient: 52
La blanche print de sa voisine

Un peu de couleur cramoisine:
Et d'une blancheur delicate,
La rouge se feit incarnate.   56
  Ha, ha, que j'idolatre en vain
Cette mignarde nouveauté!
La premiere pillarde main,
(Dy-je) ravit cette beauté: 60
Ore vive & ore fermée:
Beauté (belles) qui vous asseure,
Que votre beauté bien peu dure.

12

AGRIPPA D'AUBIGNÉ

Stances

  Puisque le cors blessé, mollement estendu
Sur un lit qui se courbe aux malheurs qu'il suporte
Me faict venir au ronge[1] et gouster mes douleurs,
Mes membres, jouissez du repos pretendu   4
Tandis l'esprit, lassé d'une douleur plus forte,
Esgalle au cors bruslant ses ardentes chaleurs.

  Le corps vaincu se rend, et lassé de souffrir,
Ouvre au dard de la mort sa tremblante poitrine,   8
Estallant sur un lit ses miserables os,
Et l'esprit, qui ne peut pour endurer mourir,
Dont le feu violent jamais ne se termine,
N'a moyen de trouver un lit pour son repos.   12

  Les medecins fascheux jugent diversement
De la fin de ma vie, et de l'ardente flamme
Qui mesme faict le corps pour mon âme souffrir.
Mais qui pourroit juger de l'eternel torment   16
Qui me presse d'ailleurs? je sçay bien que mon ame
N'a point de medecins qui la peussent guerir!

  Mes yeux enflés de pleurs, regardent mes rideaux
Cramoisis, esclatans du jour d'une fenestre   20

Qui m'offusque la vue, et faict cliner les yeux.
Et je me ressouviens des celestes flambeaux,
Comme le lys vermeil[2] de ma dame faict naistre
Un vermeillon pareil à l'aurore des cieux!   24

Je voy mon lict qui tremble ainsi comme je fais,
Je voy trembler mon ciel,[3] le chaslit[4] et la frange,
Et les souspirs des vents passer en tremblottant:
Mon esprit tremble ainsi, et gemist soubs le faix   28
D'un amour plain de vent qui, muable, se change
Aux vouloirs d'un cerveau plus que l'air inconstant.

Puis, quant je ne voy rien que mes yeux peussent voir,
Sans bastir là dessus les loix de mon martyre,   32
Je coulle dans le lict ma pensée et mes yeux:
Ainsi, puis que mon ame essaie à concevoir,
Ma fin, par tous moyens, j'attens, et je desire
Mon corps en un tombeau, et mon esprit és cieux!   36

13
JEAN DE SPONDE

Stances

Ma belle languissoit dans sa funeste couche,
Où la mort ces beaux yeux de leurs traits desarmoit,
Et le feu dans sa moüelle allumé, consommoit
Les lys dessus son front, les roses sur sa bouche.   4

L'air paroissoit autour tout noir, des nuits funebres
Qui des jours de la vie esteignent le flambeau:
Elle perdoit desjà son corps dans le tombeau,
Et sauvoit dans le Ciel son ame des tenebres,   8

Toute la terre estoit de dueil toute couverte
Et son reste de beau luy sembloit odieux:
L'ame mesme sans corps, sembloit moins belle aux Dieux,
Et ce qu'ils en gaignoyent leur sembloit une perte.   12

Je le sçeus, & soudain mon cœur gela de crainte
Que ce rare tresor ne me fust tout ravi,
S'il l'eust esté, je l'eusse incontinent suyvi,
Ainsi que l'ombre suit une lumiere esteinte.   16

Nostre fortune en fin de toutes pars poussee
A force de malheur fut preste à renverser,
Ma belle en se mourant, & moy pour me presser
Moy mesme de ce mal dont elle estoit pressee.   20

L'amour, qui la voyoit cruellement ravie
S'enflame de colere à voir mourir son feu,
Accourt tout aussi tost en trouve encor un peu
L'esvente de son aisle & luy donne la vie.   24

Mais l'amour au voler se trouva tout estrange,
Car la douleur tenoit engourdis les Zephirs:
Je les luy r'animois du vent de mes souspirs
Et s'il a fait du bien j'ay part à la louange.   28

Ma belle cependant recommence à reprendre
Pour les perdus esprits, des esprits tous nouveaux
Qui pourfilent[1] son corps de traits encor plus beaux
Et renaist tout ainsi qu'un Phoenix[2] de sa cendre.   32

Au rapport bien heureux de si douces nouvelles
L'enfer de mes ennuis dedans l'air s'est perdu:
Que si j'ay du repos pour l'avoir entendu
Qu'aurois-je pour l'avoir s'il me donnoit des aisles?   36

N'auray-je doncques point encor que des oreilles?
Et mes yeux seront-ils encor de vous privez?
De vous ma belle, à qui les biens sont arrivez,
Où l'amour pour nous deux desploye ses merveilles.   40

Au moins triste langueur de ma longue distance
Qui m'enchaines les jours comme insensiblement
Trouvez moy quelque fin à mon esloignement,
Mais ne me trouvez point de fin à ma constance.   44

JEAN DE SPONDE

Sur sa fievre

Que faites vous dedans mes os,
Petites vapeurs enflammees,
Dont les petillantes fumees
M'estouffent sans fin le repos?   4
   Vous me portez de vaine en vaine
Les cuisans tisons de vos feux,
Et parmi vos destours confus
Je perds le cours de mon haleine.   8
   Mes yeux crevez de vos ennuis
Sont bandez de tant de nuages,
Qu'en ne voyant que des ombrages
Ils voyent des profondes nuits.   12
   Mon cerveau siege de mon ame
Heureux pourpris de ma raison,
N'est plus que l'horrible prison
De vostre plus horrible flamme.   16
   J'ay cent paintres dans ce cerveau
Tous songes de vos frenaisies,
Qui grotesquent mes fantasies
De feu, de terre, d'air & d'eau.   20
   C'est un chaos que ma pensee
Qui m'eslance ores sur les monts,
Ores m'abisme dans un fond
Me poussant comme elle est poussee.   24
   Ma voix qui n'a plus qu'un filet
A peine à peine encore tire
Quelque souspir qu'elle souspire
De l'enfer des maux où elle est.   28
   Las! mon angoisse est bien extresme:
Je trouve tout à dire en moy,
Et suis bien souvent en esmoy
Si c'est moy-mesme que moy-mesme.   32
   A ce mal dont je suis frappé,
Je comparois jadis ces rages,
Dont amour frappe nos courages

Mais, amour, je suis bien trompé. 36
  Il faut librement que je die
Au prix d'un mal si furieux,
J'aimerois cent mille fois mieux
Faire l'amour toute ma vie. 40

15

GUY LEFÈVRE DE LA BODERIE
Encyclie, Cercle troisieme

. . .

Et tout ainsi qu'on void que du feu les flamméches
Languissent au bois verd, ardent aus feuilles séches: 188
Ainsi l'Homme s'affecte ou plutost ou plutard,
Ainsi que plus ou moins, l'humeur en luy s'espard:
Car des quatre Elemens quatre Humeurs il mendie
Subjets d'affection, causes de maladie.[1]   192
Non autrement qu'au Vin qui bout dans un ponçon
Le nouveau moust se change en diverse façon,
La fleur qui réjalit tousjours contre la bonde,
C'est la Colére au sang qui en chaleur abonde: 196
Et ceste Eau qui le vin tout autour circuit,
C'est Flegme ou sang vermeil qui n'est pas encor cuit:
Ce qui s'assied au fons ceste terrestre Lie,
Ressemble la froideur de la Melancolie: 200
Mais le reste qui est atrempé, dous & franc,
Ressemble proprement le trespur & bon Sang.
Et comme chascun vin en sa temperature
Reçoit ces quatre humeurs de diverse nature;   204
Ainsi les Corps humains en leur proprieté
Ont chascun endroit soy telle varieté.
Vin d'Orleans est clair, il est trouble en Bourgongne,
Pur & gay le François, rude & noir en Gascongne,   208
Celuy d'Anjou fumeus, d'Aï[2] coulant & dous,
Bref en toute contrée ilz sont differens tous.
Aussi mille estrangers ont mille meurs contraires,
Voire les citoiens, voire les gémeaus freres.[3]   212

GUY LEFÈVRE DE LA BODERIE
Encyclie, Cercle second

. . .

Mais le Chef patronné en vostre Petit-monde   145
A l'exemple du Grand, dessus la forme ronde,
En sa voute contient trois Cabinetz parez,
Qui de trois Entre-deus sont dedans séparez.   148
De ces trois lieus sacrez, qu'on appelle les Ventres,
Sortent, ainsi que font les racines des antres,
Sept couplemens de Nerfs: puis ces conduits jumeaus
Comme branches d'un tronc, s'épandent en rameaus;   152
Par lesquels va coulant, ainsi qu'une eau suivie,
Le Sourgeon des cinq Sens, & Spirail de la Vie:
C'est la flame qui naist de l'humide cerveau
Comme le fin fumet produit du vin nouveau.   156
Les deus premiers Canaus de ceste pure flame
S'en vont rendre aus deus yeus, les Verrieres de l'Ame:
Par là comme Emperiere & Reyne la Raison
Assise en l'Echauguette[1] au haut de sa maison,   160
Reconnoist les Objetz, & la couleur choisie,
Par son portier secret l'Avis ou Fantasie.
L'accouplement second de ces nerfz pertuisés
Ainsi que deus tuyaus d'orgues organisés   164
S'abboutent aus deus trous de l'une & l'autre oreille,
Fenestres de la Tour, où la Raison surveille:
Par la l'huitiesme Voix en silence tintant,
Et le Parler muet que l'Ame va dictant,   168
Recueillent en un ton les vois des sept Caroles,
Et l'Ange des esprits aus venteuses paroles.
Le tiers accouplement aus narines déscend,
Et par là le fumet attire, flaire, & sent   172
Le parfum aëré ou l'aqueuse brouée,
Qui des fenantes fleurs s'exhalle denouée:
Et sont par le respir telz parfums entonnez
Au cerveau, par dedans la Lucarne du nez.   176
De ces gouletz nerveus une quatriesme couple
S'ente dans le palais, & soubs la langue souple,

Par là l'esprit du goust se pourmeine & s'encourt
Caresser les saveurs en la plus basse court   180
Des rampars de la bouche, ou la main les apporte
Par l'huis qui s'ouvre & clot, soit que demeure, ou sorte
Le parler envoyé de son Pere mouvant
Comme un courrier porté sur les ailes du vent.   184
      Or le cinquiesme fourc pululle en sions cambres
En la tige du corps, & les branches des membres:
Par là s'en va choisir le sens du touchement,
L'aspre, mol, chaud & froid au seul approchement.   188
      Au sixiesme degré la couple mariée,
Ainsi que deus fluteaus entre elle appariée,
Decoule en l'estomac des le cerveau couvert:
Par là s'aguise & poind vostre appetit ouvert,   192
Soit qu'il sente faillir l'aliment necessaire,
Ou de trop abonder ce qui luy est contraire.
      Mais la septiesme[2] couple est esparse en ruisseaus
En l'éspine du dos, de là par les vaisseaus   196
Du germe bouillonnant, & jusqu'au cœur se plongent,
Puis par tous les couplets de vos membres s'allongent.
      Par l'un l'Air vigoureus de la moüelle issant
(Qui comme une gouttiere au dos vous va glissant)   200
Vient en vous exciter d'une ardeur aveuglée
La passion d'amour par conseil non réglée.
Par l'autre ce fumet au cœur se vient enter
Et rafreschir le sang, & son ame eventer,   204
Le sang dedans la base, & l'ame dans la pointe
Du cœur piramidal, ou la vie est conjointe.
      Par le tiers & dernier ruisselle & s'entresuit
La vive soupirance en meint petit conduit,   208
Là gist du mouvement ceste cause effective
Qu'autrement vous nommés de son lieu la motive.
Ainsi parmi le corps le spirail épanché
Est un seul, pour plusieurs offices empesché.   212

EUSTORG DE BEAULIEU
Le troisieme Blason, des Dentz

Point ne me semble estre chose congrue
Que ce qui pile, & met en forme due
La droguerie en quoy vit tout le corps
Doibve passer sans en faire recordz,   4
Joinct qu'il n'y a Dame, ne Damoyselle
De qui la bouche (en riand) semble belle,
Si les Dentz sont noires, & mal à poinct,
Et puis (hellas) ceulx la qui n'en ont poinct   8
Quel desplaisir, & quelle fascherie?
Donques, o Dentz, qui avez seigneurie
Et vray tribut sur toute chose que entre
Dedans la Bouche & de la bouche au ventre   12
Bien aise est cil qui se peult resjouyr
Et sans dolleur de vous en paix jouyr.
O belles Dentz, joinctes & bien unyes
Nettes tout jour, & claires, & brunyes   16
Comme l'Yvoire, enchassee d'Esmail
Plus bel à l'Œil, & plus fin que Corail,
C'est grand plaisir de veoir vostre bel ordre
Mais, grand ennuy quand n'avez rien que mordre.   20
Dentz, non pas Dentz, par cy par la semees
Mais l'une à l'aultre ensemble bien serrees
Dentz en deux rencz, luysantz comme Cristal
D'une longueur moyenne, & ordre esgal,   24
Dentz, de grosseur, & rondeur competente
D'une grandeur, & forme equipollente,
Dentz qu'à la Langue estes Mur & Renfort
Et de vieillesse adjutoire,[1] & confort,   28
Dentz point sentant, brunes, ne tenebreuses
Point à creneaulx, ne poinctues, ne creuses,
Brefvement Dentz, il n'est grand ne petit
Qu'aye à menger avec bon appetit   32
Qui (apres Dieu) ne vous doyve louenge
Car de tout ce que l'Homme boit & menge
Faictes la preuve au vray, si promptement

Que tout le corps en a contentement.   36
O qu'il faict bon vous veoir lors (sur mon ame)
Quand de bon cueur rid quelque belle Dame
Et bien heureux est celluy jours & nuictz
Qui baise (hellas) tant seulement vostre Huis.   40
Ay je donc tort (belles Dentz) si je couche[2]
Que ce estes vous qui decorez la Bouche?
Et mesmement la Bouche de sollas
La Bouche que Homme à l'emboucher n'est las   44
La Bouche qu'est de mensonge ennemye
Comme la Bouche & Lebvres de m'amye.

18

BONAVENTURE DES PERIERS

Le Blason du Nombril

Petit Nombril, milieu & Centre,
Non point tant seulement du ventre,
Entre les Membres enchassé,
Mais de tout ce Corps compassé,   4
Lequel est Souverain Chef d'œuvre,
Ou naifvement se descœuvre
L'art de l'ouvrier qui l'a orné,
Comme un beau Vase bien tourné,   8
Duquel tu es l'achevement,
Et le bout, auquel proprement
Celle grand' Chaine d'or des Dieux[1]
Tenant au hault Nombril des Cieulx   12
Fut puis par iceulx attachee,
Et petit à petit laschee,
En avallant ca bas au monde
Leur Poupine[2] tant pure & munde,   16
Qui leur donna, comme j'entends,
Cent mille petis Passetemps
Avant qu'elle fust descendue,
Et des cieulx en terre rendue   20
Au reng de ses predecesseurs,
Et au beau milieu de ses Sœurs

Les Vertus & Graces benignes.
Petit Neu, qui des mains Divines   24
Apres tout le reste parfaict
As esté le fin dernier faict,
Et manié tout freschement,
Duquel tresheureux touchement   28
La doulce Memoire recente
Tant te satisfaict & contente,
Qu'à peine à ton plus grand Amy
Te veulx tu monstrer à demy,   32
Ains te retires tellement
Que tu ne parois nullement
De peur que pollu[3] tu ne sois,
Si l'humain touchement recois   36
Qui en toy le Divin efface.
Petit Quignet,[4] retraict, & place
De souveraine volupté,
Ou se musse[5] la voulenté   40
De chatouilleuse jouyssance,
Qui aux convis d'avantnaissance
Servis de Bouche au petit Corps,
Lequel ne mangeoit point pour lors,   44
Ains par toy succoit doulcement
Son delicat nourrissement,
Dont le petit Poupin croissoit
A mesure qu'on le trassoit   48
Au flan gauche de la matrice.
O l'ancienne Cicatrice[6]
De la rongneure doloreuse,
Que Deité trop rigoreuse   52
Feit jadis au povre Homfenin,[7]
Animal sans fiel, ne venin!
Lequel, contre toute pitié,
Fut divisé par la mytié,   56
Et faict d'un Entier tant heureux
Deux demys Corps trop langoreux,
Qui depuis sont tousjours errans,
Et l'un l'autre par tout querans   60
En grand desir d'eulx reünir,
N'estoit le honteux souvenir

De la Divine cruaulté,
Qui, nonobstant leur loyaulté, 64
Les vient si fort esfaroucher,
Qu'ilz ne s'oseroient approcher
Pour rassembler leur Creature
Quand ilz se trouvent d'adventure, 68
Sinon quelquefois en secret,
Ou ilz desgorgent le regret
Qu'ilz ont de leur perte indicible,
Essayans s'il seroit possible 72
Que leurs Nombrilz, ensemble mys,
Devinssent Un de deux Demys,
Comme ilz estoient premierement
Avant leur desemparement. 76
Petit bout, petit but unique,
Ou le viser faulx & inique
Ne peult attaindre de vistesse,
Mais bien le loyal par addresse, 80
S'il ne m'est possible en presence
Te veoir, au moins en recompense
Ay je dequoy penser en toy,
Car je trouve je ne scay quoy 84
En toutes choses de Nature,
Ayant la forme & pourtraicture
De toy, Nombril tant gracieux,
Et de celuy qui est es cieulx, 88
Quand ne seroit ja que le mien
Qu'en memoire de vous je tien,
Et considere jours & nuicts
Pour tout soulas de mes ennuys. 92
O Nombril! dont l'aise parfaicte
Gist au Demy qui te souhaite,
Lequel jamais ne sera aise
Que franchement il ne te baise, 96
En remembrance singuliere
De l'union, jadis Entiere,
Ou se peult trouver justement
L'heureux poinct de Contentement. 100

19

MELLIN DE SAINT-GELAIS

D'un Œil

Œil attrayant, œil arresté,
De qui la celeste clarté
Peut les plus clairs yeux esblouïr,
Et les plus tristes esjouir: 4
Œil, le seul soleil de mon ame,
De qui la non visible flamme
En moy fait tous les changemens
Qu'un soleil fait aux elemens,   8
Disposant le monde par eux,
A temps froid ou à chaleureux,
A temps pluvieux ou serain
Selon qu'il est proche ou loingtain.   12
Car quand de vous loing je me treuve,
Bel œil, il est force qu'il pleuve
Des miens une obscure nuee,
Qui jamais n'est diminuee,   16
Ny ne s'esclarcist ou decouvre,
Jusqu'à tant que je vous recouvre:
Et puis nommer avec raison
Mon triste hyver celle saison.   20
Mais quand il vous plait qu'il advienne
Que mon soleil à moy revienne,
Il n'est pas si tost apparu,
Que tout mon froid est disparu,   24
Et qu'il n'ameine un beau printemps
Qui rend mes esprits tous contents:
Et hors de l'humeur de mes pleurs
Je sens renaistre en lieu de fleurs   28
Dans mon cœur dix mille pensees
Si douces & si dispensees
Du sort commun de ceste vie
Qu'aux dieux ne porte nulle envie.   32
Et si vous me donnez loisir
De jouïr tant de ce plaisir,
Que vos rayz divins & leur force

Puissent passer outre l'escorce,   36
Ils savent mes sens allumer
D'un feu qui le vient consumer,
Et qui dans mon cœur arresté
Y remet un bouillant esté.   40

20

MACLOU DE LA HAYE

Cinq blasons des cinq contentemens en Amour

Regard ardant, cruel meurtrier de l'ame,
Et qui le corps retire de la lame,
Portant l'enfer en son superbe[1] trait,
Et Paradis en son plus doux attrait.   4
  Regard posé d'un œil demy ouvert,
Orné d'esmail,[2] d'esmail noir blanc & verd,
Dessous le sein d'une voille argentée,
Rasserenant l'œillade redoutée.   8
  Regard aygu à la force asseurée
Contre les rais de la torche etherée,
Et qui descend par sa vivacité
Au fond plus creux du val precipité,   12
Perçant l'espais du corps de l'univers
De part en part non lucide au travers.
  Regard en qui tant de vertu s'assemble
Que son moins vainc l'Aigle et le Lynce[3] ensemble.   16
  Regard pudique irrité quelquefoys
Du vil accent de la lubrique voix,
Qui fait rougir la blancheur lilialle
Sous un ciel[4] paint de honte virginalle,   20
Et relevant ses rais en la pensée,
Monstre combien son ame est offensée.
  Regard qui peult seullement par un clin
Du corps mourant retarder le declin,   24
Et ramener mainte ame vagabonde
Dedans son corps de long temps mort au monde.
  Regard luisant, la transparante porte
Du cueur caché, où amour se transporte: 28

Regarde moy, seiche mes tristes larmes
Contre le mal, foibles et vaines armes,
Oste l'ardeur qui m'esblouit, à fin
Que de mon deuil je puisse voir la fin.   32

Ouye assise au chef de la beauté
Dedans le clos d'honneste privauté,
Et située en deux fosses petites
Sous un silence à costé des Charites,   4
Que les rameaux d'un boys mouvant tout d'or
Vont ombrageant & le blanc marbre encor'
En la façon que le fleuve ondoyant
Orne le flanc de son bort tournoyant.   8
    Ouye dont la porte blanche ouverte
Ornée au bord d'une Esmeraude verte
Ou d'un Rubis dedans l'or embelly,
L'albastre egale, et l'yvoire polly.   12
    Ouye en qui differents vents s'entonnent,
Qui toutesfois le moins d'elle n'estonnent:
Mais les plus fiers contraires à son heur
Va repoussant d'un foudroyant bon heur,   16
Ou la raison, sa garde valleureuse,
Les va chassant en l'onde oblivieuse.
Ouye à qui la deffense ne fault
Du grec Ulysse industrieux & cault,   20
Ne craignant point d'infinité de foys
Ouyr chanter la naufragante voix,[5]
Et qui ne laisse entrer dedans son Centre,
Que ce que veult que l'ame chaste y entre.[6]   24
Ouye prompte aux escoutes veillant
Pour le repos du regard sommeillant,
Estant du cueur une secrette entrée
Propre à la voix de l'amour penetrée,   28
Escoute un peu le torment de mon ame,
Souffrant passer les souspirs de ma flame,
Escoute moi, je te pry' par pitié
Pour conforter l'atente d'amytié.   32

Ris, où d'amour les rudes traitz benins,
Sous deux croissans ou deux arcs hebenins
Sont affinéz par l'experte nature
Tirans le cueur de toute creature,   4
Ris qui baissant deux blanchissantes voilles[7]
Cache à demy deux luysantes estoilles,
Ou deux soleilz à midy reluysantz
Les chefz enceints de rayons tresluisants.   8
Ris qui descouvre aux jouës esgallées
Parmy le lis deux petites vallées,
Où d'un cristal quelque foys les rosées
Chet au vermeil des fleurs bien arrosées   12
Lesquelles fleurs & blanches, & vermeilles,
Ne sont au choix des pillardes abeilles
Quoy que leur moins grandement leur agrée,
Comme sans plus chose aux Dieux consacrée.   16
Ris doucement le coral entr'ouvrant,
Lequel un rang de perles va couvrant
Ou pour le moins l'yvoire blanc descœuvre
Mis seullement par la nature en œuvre.   20
Ris aux doux sons sans ordre interrompuz
Dont les ennuis & les cris sont rompuz,
Sous un doux plaint bruyant souëvement.
Ris qui souvent d'inegal mouvement,   24
Ce marbre blanc ores pousse & repousse
Ny plus ne moins que le vent fait l'eau doulce
Sous le souspir d'un Zephire odorant
Mieux que l'odeur l'Arabie honorant.   28
Ris ouvre moy ton celeste sejour
Descouvre moy le serain de ton jour
Parmy l'obscur de mon dolent esmoy
Lequel ne soit entendu que de moy.   32

Voix angelique armonie des cieux,
Divine voix aux accents gracieux,
Voix qui passant par deux levres descloses
Laisse à regret deux beaux boutons de roses,   4
Où l'air serain, vagabond à l'entour,
Jaloux attend son envieux retour.

Voix qui laissant un clos de perles fines,
Passe plaintive aux campagnes voysines   8
Pour au plus creux du rocher s'entonner
Qui fait la fin de sa plainte sonner.
    Voix alliée à la diserte[8] langue,
Interpretant l'internelle harangue,   12
Sous une odeur que l'Arabe estranger
Voudroit tousjours à la sienne changer,
Voyre & qui bruit sous viollence douce
D'un marbre enflé qui la pousse & repousse.   16
    Voix qui la foudre eslongne de son chef,
Domptant l'effort du naufrageux meschef.
    Voix douce, claire, argentine, seraine
Non imitant l'endormante seraine,[9]   20
Mais bien rendant les corps mors attentifz
Et ravissant les espris ententifz.
    Voix, vent, aleine, & parolles puissantes,
Chassant le deuil des ames gemissantes,   24
Et faisant taire en silence honteux
Des rossignolz le chant doux et piteux.
    Voix qui esmeut les pesantes montaignes
D'un bransle doux, sur le bord des campaignes,   28
Et qui retarde en apaisant souvent
L'effort cruel du plus superbe vent,
Apelle moy reconfortante voix,
Apelle moy seullement une foys,   32
Ou responds moy & tempere ta flame,
Flame qui mord jusqu'au centre de l'ame.

Embrassement ou heureuse accollée,
D'une moytié à sa moytié collée,
Qu'un bras vainqueur & vaincu va pressant
Deux blancs coustaux d'un effort repressant,   4
Et qui estraint l'albastre & le porphire
Sous le souspir d'un languissant Zephire.
    Embrassement d'une alleine embasmée
Qui rend la bouche & ravie & pasmée,   8
Dessous le clos d'un cristal descouvert,
    Embrassement d'un paradis ouvert,

Embrassement de beaux longs dois polys
Et de la main plus blanche que le lis,   12
Qui, fretillant dans la neige & l'ivoyre,
Le cueur chatouille à sa future gloire,
Lequel pressé doucement se debat,
Impatient de la fin du combat,   16
 Embrassement de roses separées,
Où vont errant deux ames esgarées,
De corps en corps sur les flammes d'Amour
Estant souvent tardives du retour,   20
 Embrassement de deux pilliers de marbre
Entrelassez comme la vigne à l'arbre
S'entreserrans, & plus estroitement
Que le lierre au plus vieux bastiment.   24
 Embrassement sous une luite douce
D'un flanc constant patient qu'on le pousse,
Et qui estaint l'ardent feu du desir
D'un autre feu par un commun plaisir,   28
 Embrassement de deux claires estoilles
De çà de là errantes sous deux voyles,
Qui en la fin se perdent doucement
Avec l'esprit plein de contentement.   32
Embrassement pudique & solennel,
Embrasse moy d'un lien eternel.

21

PIERRE DE RONSARD
Le Chat, au seigneur de Belleau

Dieu est par tout, par tout se mesle Dieu,[1]
Commencement, la fin, & le millieu
De ce qui vit, & dont l'Ame est enclose
Par tout, & tient en vigueur toute chose   4
Come nostre Ame infuse dans noz corps.

 Ja des long temps les membres seroient morts
De ce grand Tout, si cette Ame divine
Ne se mesloit par toute la Machine,   8

Luy donnant vie & force & mouvement:
Car de tout Estre elle est commencement.
   Des Elements & de cette Ame infuse
Nous somes nez: le corps mortel qui s'use   12
Par trait de Temps, des Elementz est fait:
De Dieu vient l'Ame, & come il est parfait,
L'ame est parfaite, intouchable, immortelle,
Come venant d'une Essence eternelle: 16
   L'Ame n'a doncq commencement ny bout:
Car la Partie ensuit toujours le Tout.
   Par la vertu de cette ame meslée
Tourne le Ciel à la voute estoillée,   20
La Mer s'esgaye, & la Terre produit
Par les saisons, herbes, fueilles, & fruit,
Je dy la Terre, heureuse part du monde,
Mere benigne, à gros tetins fœconde,   24
Au large sein: De là tous animaux,
Les Emplumez, les Escadrons des eaux:
   De là Belleau, ceux qui ont pour repaire
Ou le rocher ou le bois solitaire   28
Vivent & sont, & mesme les Metaux,
Les Diamans, Rubis Orientaux,
Perles, Saphirs, ont de là leur essence,
Et par telle Ame ilz ont force & puissance,   32
Qui plus qui moins, selon qu'ils en sont pleins:
Autant en est de nous pauvres humains.
   Ne voy-tu pas que la sainte Judée
Sur toute terre est plus recommandée   36
Pour aparoistre en elle des Espritz
Rempliz de Dieu, de Prophetie espriz?
   Les Regions, l'Air, & le corps y servent
Qui l'Ame saine en un corps sain conservent,   40
Car d'autant plus que bien sain est le corps
L'ame se montre & reluist par dehors.
   Or come on voit qu'entre les homes naissent
Miracles grands, des Prophetes qui laissent   44
Un tesmoignage à la posterité
Qu'ilz ont vescu pleins de divinité,
Et come on voit naistre icy des Sybilles[2]
Par les troupeaux des femmes inutiles: 48

Ainsi voit-on, Prophetes de noz maux,
Et de noz biens, naistre des animaux,
Qui le futur par signes nous predisent,
Et les mortels enseignent & avisent.   52
Ainsi le veult ce grand Pere de tous
Qui de sa grace a tousjours soing de nous.

Il a donné en ceste Terre large
Par sa bonté aux animaux la charge   56
De tel soucy, pour ne douter de rien
Ayant chez nous qui nous dit mal & bien.

De là sortit l'escolle de l'Augure[3]
Merquant l'Oyseau, qui par son vol figure   60
De l'advenir le pront evenement
Remply de Dieu: & Dieu jamais ne ment.

En noz maisons ce bon Dieu nous envoye
Le Coq, la Poule, & le Canard, & l'Oye,   64
Qui vont monstrant d'un signe non obscur
Soit se baignant ou chantant, le futur.

Herbes & fleurs & les Arbres qui croissent
En noz jardins, Prophetes aparoissent: 68
J'en ay l'exemple, & par moy je le scay,
Entens l'histoire, & je te diray vray.

Je nourrissois à la mode ancienne
Dedans ma Court une Thessalienne,[4]   72
Qui autrefois pour ne vouloir aimer
Vit ses cheveux en fueille transformer,
Dont la verdure en son Printemps demeure.

Je cultivois cete plante à toute heure,   76
Je l'arrosois, la cerclois, & bechois
Matin & soir: Car trompé, je pensois
M'en faire au chef une belle Couronne,
Telle qu'un Prince, en recompense, donne   80
A son Poëte, alors qu'il a chanté
Un œuvre grand dont il est contenté.

Un rien estoit que je l'avois touchée,
Quand de sa place elle fut arrachée   84
Par un Daimon: une mortelle main
Ne fit le coup: le fait fut trop soudain:

En retournant je vy la plante morte
Qui languissoit contre terre, en la sorte   88

Que j'ay languy depuis dedans un lict:
Et me disoit, le Daimon qui me suit
Me fait languir, come une fiebvre Quarte
Te doibt blesmir: en pleurant je m'escarte 92
Loing de ce meurdre, & soudain repassant
Je ne vy plus le Tyge languissant
Esvanouÿ come on voit une Nuë
S'esvanoïr sous la pronte venuë 96
Ou de l'Auton ou de Boré[5] qui est
Balay de l'Air, souz qui le beau Temps naist,
Le beau serain, quand la courbe figure
Du Ciel d'azur aparoist toute pure. 100

    Deux mois apres un cheval qui rua
De coups de pié l'un de mes gens tua,
Luy escrageant[6] d'une playe cruelle
Bien loing du test la gluante cervelle. 104

    Luy trespassant m'apeloit par mon nom,
Me regardoit: Signe qui n'estoit bon,
Car je pensay qu'un malheureux esclandre[7]
Debvoit bien tost dessus mon chef descendre 108
Come il a fait: onze mois sont passez
Que j'ay de mal tous les membres cassez.

    Mais par sur tous l'Animal domestique
Du triste Chat, a l'Esprit Prophetique: 112
Et faisoient bien ces grands Aegiptiens
De l'honorer, & leurs Dieux qui de Chiens
Avoient la face & la bouche aboyante.

    L'Ame du Ciel en tout corps tournoyante 116
Les pousse, anime, & fait aux homes voir
Par eux les maulx ausquels ilz doibvent choir.

    Home ne vit qui tant haisse au Monde
Les Chats que moy d'une haine profonde, 120
Je hay leurs yeux, leur front, & leur regard:
Et les voyant je m'enfuy d'autrepart,
Tremblant de nerfs, de veines, & de membre,
Et jamais Chat n'entre dedans ma chambre, 124
Abhorrant ceux qui ne sçauroient durer
Sans voir un Chat aupres eux demeurer;
Et toutefois cette hydeuse beste
Se vint coucher tout aupres de ma teste 128

Cherchant le mol d'un plumeux oreiller,
Où je soulois à gauche sommeiller:
Car voulontiers à gauche je someille
Jusqu'au matin que le Coq me resveille.   132
   Le Chat cria d'un miauleux effroy,
Je m'esveille come tout hors de moy,
Et en sursaut mes serviteurs j'apelle,
L'un allumoit une ardente chandelle,   136
L'autre disoit qu'un bon signe c'estoit
Quand un Chat blanc son Maistre reflatoit,
L'autre disoit que le Chat solitaire
Estoit la fin d'une longue misere: 140
   Et lors fronçeant les plis de mon sourcy,
La larme à l'œil, je leur responds ainsy.
   Le Chat Devin miaulant signifie
Une facheuse & longue maladie,   144
Et que long temps je gard'ray la maison,
Come le Chat qui en toute saison
De son seigneur le logis n'abandonne,
Et soit Printemps, soit Esté, soit Autonne   148
Et soit Hyver, soit de Jour soit de Nuit,
Ferme s'arreste, & jamais ne s'enfuit,
Faisant la ronde & la garde eternelle
Come un soldat qui fait la sentinelle,   152
Avecq le Chien, & l'Oye dont la voix
Au Capitole annonçea les Gaulois.
   Autant en est de la tarde Tortuë,
Et du Limas qui plus tard se remuë,   156
Porte-maisons, qui toujours sur le dos
Ont leur Palais, leur lit, & leur repos,
Lequel leur est aussi bel Edifice
Qu'un grand chasteau basty par artifice.   160
   L'homme qui voit, songeant, ces Animaux,
Peut bien penser que longs seront ses maux:
Mais s'il voyoit une Gruë, ou un Cygne,
Ou le Pluvier, cela luy seroit signe   164
De voyager, car tels oyseaux sont prontz,
A tire d'aesle ilz reviennent & vont
En terre, en l'air, sans arrester une heure.
   Autant en est du Loup qui ne demeure   168

En son bocage, & cherche à voyager:
Aux Maladifz il est bon à songer:
Il leur promet que bien tost sans dommage
Sains & guariz feront quelque voyage.   172
   Dieu qui tout peut, aux Animaux permet
De dire vray, & l'home qui ne met
Creance en eux, est du tout frenetique:
Car Dieu par tout en tous se communique.   176
   Mais quoy? je porte aux forests des rameaux,
En l'Ocean des Poissons & des Eaux,
Quand d'un tel vers mon Euterpe te flate,
Qui as traduit, Belleau, le grand Arate,[8]   180
Les signes vrais des Animaux certains,
Que Dieu concede aux ignorans humains
En leurs maisons, & qui n'ont cognoissance
Du cours du ciel ny de son influence   184
Enfans de terre: Ainsy il plaist à Dieu,
Qui ses bontez eslargist en tout lieu:
Et pour aimer sa pauvre Creature
A souz nos pieds soumis toute nature   188
Des Animaux, d'autant que l'home est fait
Des Animaux l'Animal plus parfait.

22

GUY LEFÈVRE DE LA BODERIE
Encyclie, Cercle cinquieme

. . .

Tandis arreste toy dessus l'Arche voutée,
Et ne crain la roideur[1] dont elle est agitée: 232
Car par ce grand Esprit dont le tien est venu,
Son mouvement réglé est tousjours maintenu.
Contemple maintenant de l'œil de la Pensée
Où la Boule du Ciel peut estre balancée 236
Sans vaguer ça, ne là, sans aller haut, ne bas,
Ains roüer sans esseul par un juste compas?
Tousjours par mesme trace elle vire, & s'envole,
Et si n'est attachée à l'un, ni l'autre Pole. 240
Comme peut-elle donc au Vuide se tenir,
Ou comme peut le Rien Tout en rien contenir?
Comme peut la grand'Sfére estre en soy retournée
En l'espace si bref d'une seule journée? 244
Qui est-ce qui la meut, & de quel instrument?
Qui entretient son cours si tost, si dextrement?
S'elle meut de soymesme, en quel endroit en elle
A elle commencé sa naissance éternelle? 248
   Le Ciel ne peut mouvoir qu'il ne meuve en un lieu,
Car ce n'est pas le Centre, & le point du milieu
De ton Vuide infini: tout centre est-il pas stable?
Le Ciel ne meut donc point, lequel est veritable? 252
Et s'il se meut en rond, il faut que par dehors
Il se trouve logé, car le Ciel est un corps
Qui est perceu des yeus: si c'est donc une Boulle,
Luy faut-il pas un lieu dans lequel elle roulle? 256
Donc ce qui la contient, d'un autre est contenu,
Et l'autre par apres d'un ordre continu;
Cestuy d'un autre encor: bref le Monde est luyméme,

Le Tout, le Rien, le Vuide, & l'Infiny extréme. 260

. . .

 Aussi le Mouvement[2] qui le premier Ciel porte,[3]
Est tousjours tout-uni, & d'une mesme sorte, 448
Tournoiant alentour du point égal-distant,
Ne se hastant jamais, jamais ne s'arrestant:
Ains sans estre lassé, ni s'alentir soy-méme
Il roüe incessamment d'une vistesse extréme, 452
Que jamais il n'attaint, & que tousjours il suit.
Qu'il ne delaisse point, & qu'en tout temps il fuit.
Et si la Rondeur est des Formes l'outre-passe,[4]
Aussi son mouvement tous mouvemens compasse. 456
Pource est il tout-constant, tout-un, tout-regulier,
Entre-coupé de nul, à luy seul familier.
 Voy la flamme du feu qui est légere & promte,
Du Centre s'élevant vers son estage monte, 460
Duquel plus elle est pres, d'autant plus vivement
Se renforce & accroist son viste mouvement:
Mais estant parvenüe à ce lieu qu'elle appéte[5]
Sans passer plus avant convient qu'elle s'agétte:[6] 464
 Et le quarreau[7] tombant du plus hautain sommet
A terre droitement & en ligne à-plommet,
Plus il fend l'air espais, plus du centre il approche,
D'autant on void bruncher plus roidement la roche: 468
Mais quand son grave pois à descendre dispos
A donné contre-bas, le siege du repos,
Sa lourde pésanteur dessus le plan couchée
Demeure fermement sans plus estre élochée:[8] 472
Si d'un corps plus pésant elle n'est fait mouvoir,
Ou par force forcée, & plus puissant pouvoir.

23
JACQUES PELETIER DU MANS
La Rosee

Quand le soleilh fait les jours
Plus grans par ses lons sejours,
Et que de sa lampe clere

Par l'er serein il eclere: 4
Ses chaus reyons dessecheurs
Hument les moites frescheurs,
Et font que dedans la terre
La frœdure se resserre.   8
Puis quand sus l'humide soir
La chaleur se vient rassoir,
La Terre peu à peu pousse
Une vapeur fresche et dousse: 12
Et par les conduiz divers,
Que le Jour avoit ouvers,
Les moiteurs dehors s'emeuvent:
Mais bien haut monter ne peuvent: 16
Car la debile tiedeur
Ne peut tirer la frœdeur,
Qui retombe en gouteletes,
Comme tramblantes perletes: 20
Dequeles sont diaprez
Les chams, les buissons, les prez.
Mais le matin qui s'alume
A l'heure à l'heure la hume: 24
Comme les ebaz plesans
S'en vont des les jeunes ans,
Et la beaute virginale
Des la tendreur matinale.   28

24

JACQUES PELETIER DU MANS

La Lune

Seur de Phebus, la plus proche des Terres,
Ornant la nuit de noir ammantelee,
Plus que les sis legeremant[1] tu erres
L'oblique tour de la voie ételee.[2]   4
Tu reluis la plus evidante
Du Ciel, apres la lampe ardante
De ton Frere,[3] qui te renflamme,
Tous tes mois, de nouvelle flamme.   8

Tant plus de lui te depars et t'elongnes,
Plus il te rend à luire disposee:
Et lors ses raiz en plein rond tu empongnes,
Quand tu lui es de droit fil oposee.   12
Puis te refait à la raproche,
Un vide obscur, qui se recroche,
Demeurant clere la partie
Que tu tiens vers lui convertie.   16

Non que ton lustre en soit plus grand ou moindre:
Car soit qu'au loin tu sois acheminee,
Ou qu'avec lui tu te vienes conjoindre,
Tu es toujours demie iluminee   20
Et en quelque celeste place,
Tu montres tousjours pleine face:
Et au regard de l'une ou l'une,
Tu es tousjours en interlune.   24

Divers aspez, faisant du Ciel le cerne
Tu vas keulhant des uns et puis des autres,
En recevant ce que chacun decerne,
Ou vans, ou froiz, ou tonnerres ou austres.[4]   28
Or ton rond se rougit ou dore,
Ou de pale ou blanc se colore:
Et brief, tu te montres diverse
Au gre de l'er que l'eulh traverse.[5]   32

Au demitour de ton cours luminere
Assez souvant te nuit la Terre ombreuse,
Qui t'entreront la faveur ordinere
Du Frere tien, et te rend tenebreuse: 36
Et par elle tu es noircie,
Comme elle est par toi obscurcie,
Lors que tu viens en Diametre
Entre elle et le Soleilh te metre.   40

De l'Ocean la violance roide,
Aveques toi en tournoyant tu vires:
Car toi etant comme lui moite et froide
Par simpatie il vire quand tu vires.   44

Qui plus est, il suit ta lumiere
D'une mesure coutumiere:
Car comme tes feuz aparoessent,
Ses eaus apeticent[6] ou croessent.   48

Des cors mouvans[7] les mouelles et veines,
Sont à ton cours visiblemant enclines:
Quand tu es pleine, aussi sont elles pleines,
Et vont à moins ainsi que tu declines.   52
Meme quand tu te renouvelles,
Les avertineuses[8] cervelles
A leurs intervales revienent,
Et de ton nom leur nom retienent,   56

En leurs forez les animaus sauvages,
Et les oiseaus au vague tu gouvernes:
Les poissons muz, es liquides rivages,
Les frois serpans, en leurs orbes cavernes: 60
Et ton changeant nous signifie
Le tens qui se diversifie,
Et des choses les longues suites
Par si divers chemins conduites.   64

25

JACQUES PELETIER DU MANS
Venus

Deesse eternelle aus beaus yeux,
Alme Venus,[1] Cipris la belle,
Plaisir des hommes et des Dieus,
Guee gueemant je t'apelle.
C'est bien à nous à te chanter,
A nous, de qui tant tu merites,
Quand tu nous deignes presanter
Le triple honneur de tes Carites.

Le lieu prochein t'est depute
Au Soleilh des choses le pere:

Car sans ta seinte volupte,
Rien ne croit et rien ne prospere.   12
Tantot d'un beau feu evidant,
Tu sors de son jour la fourriere,[2]
Tantot te lesse en Occidant,
Pour le seconder au derriere.   16

Et puis à soi ce tien Phebus
Retire le frein de tes Cines,[3]
Quand ilz ont parfourni les buz
D'un et demi des douze sines.   20
Adonq vers son feu qui tant luit
Tu retournes toute timide,
Qui toutefois tant moins te nuit,
Quand plus tu es froide et humide.   24

Tele fois au Midi serein
Aupres de lui tu es visible,
Combien que son feu souverein
Soit à tous autres Feuz nuisible.   28
Seule des cinq moindres[4] errans
Par la fante du logis sombre,
Comme un nouveau Croissant, tu rans
Aus cors oposites leur ombre.   32

C'est Deesse, par ton secours,
Que la Nature s'evertue,
Et qu'en filant de cours en cours
Ses siecles elle perpetue: 36
Quand du grand Monde les vivans
De tes plaisirs ne degenerent,
Et tousjours ton instinct suivans,
Ne peut qu'ilz ne se regenerent.   40

Ton beau Printans continuel
Nouvelles Beautez tousjours cree,
Qui aus Terres n'est qu'annuel,
Saison à ta Beaute sacree.   44
En toi d'agreable verdeur
Tes honneurs croessent et vegetent:

Les fleurs de delicate odeur
Tousjours par l'er leur bame jetent.   48

Par toi recouvre et refreschit
La Terre sa saison eureuse,
Qui de tes beaus dons s'enrichit,
Par toi feconde et plantureuse.   52
De toi elle prand ses verdeurs,
Par toi son plaisir se limite:
De toi elle prand ses odeurs,
En son er ton lustre que imite.   56

Sur la fin de l'Yver vanteus,
Les Oiseaus de divers plumage
Premiers se bandent par entr'eus,
Et t'anoncent de leur ramage.   60
Puis quand l'Er haut tu as epoint,
Pour à la Terre se conjoindre,
Eus tout acoup de meme point
De ton Feu se lessent epoindre.   64

Troupeaus domestiques n'ont paix,
Tous aiment, tous de toi abondent:
Et les Fieres[5] des bois epais
En tes furies se debondent: 68
Et les Peuples Neptuniens
Brulent souz l'eau, de tant de formes,
Tant de Monstres Tritoniens,
Fousches[6] et Baleines enormes.   72

Mais à l'Animal de raison,
O Deesse, par quel presage
N'est limitee la saison
De ton plaisir, de ton usage?   76
M'est il permis de dire ici,
Venus, que tu es corporee?
Et que tu as une ame aussi,
Pour doublemant etre adoree?   80

O hommes de trop de façons!
O hommes de trop de pansees
O hommes de trop froiz glaçons
O de fureurs trop insansees!   84
Non, Deesse, je me retien:
Et dis que les Hommes et Femmes
Par la grand force du Feu tien
En toutes sortes tu enflammes.   88

Memes les plus rudes et soz
Dedans leurs keurs te donnent place,
Quand ta flamme dedans les os
Soudein leur fait fondre la glace: 92
Einsi qu'un fulmineus Ecler
Brillant, qui coup à coup redouble,
Se dilate, et penetre à cler
Tout le long de la Nue trouble,   96

Bien eureuse est ta Region,
Ou les keurs si doussemant ardent.
Ou habite une Legion
De Cupidons qui leurs traiz dardent: 100
Region de keurs mariez
De toutes amitiez gemeles,
Ou sont si bien appariez
Tous Males et toutes Femeles.   104

Mile baisers, mile soulas,
Mile bouquez s'entrepresantent:
Des jeuz jamais ilz ne sont las,
Tousjours rient, tousjours plesantent.   108
La ne faut point etre douteus:
L'un aime ce que l'autre prise:
Rien ne nuit le jour au honteus,
Ni rien la honte à l'antreprise.[7]   112

Bien eureus jour qui point ne nuis
A la geniale liece:
En Terre on ne veut que les nuiz,
Pour l'efet de sa hardiece.   116

Peur, soupçon, deulh et maleurté
Sentent leur Amour Terrienne:
Foi, honneur, joyeuse surté
Sont de l'Amour Venerienne.   120

L'Amant au flori jardinet
Avec sa Ninfete se joue:
Lui met la main au tetinet,
La rougeur lui monte en la joue:
Que feroit elle? el' lui complait,   124
Elle l'embrace, et il la baise:
Et lui plaisant ce qui lui plait,
Sa flamme amoureuse il apaise.   128

Dedans un jardinet flori,
Une gracieuse Ninfete
Se joue avec son favori
Pour d'amour etre satisfaite: 132
Que feroit il, quand il est pris?
Baisant sa bouche savoureuse,
L'embrace: et l'un et l'autre epris,
Apaise sa flamme amoureuse.   136

Volupte tient à l'environ
Ses Ninfes riantes et gaies,
Et ce petit Dieu au giron,
Qui blesse de si dousses plaies.   140
Son estomac[8] dous respirant
Pousse deus rondes montagnetes,
Chacune à part se retirant,
Aboutees de deus guignetes.[9]   144

Le Col de laitee blancheur,
Et les Cheveus d'or, qui foletent
Au gre de la sœve frescheur
Des Zefirs qui parmi voletent: 148
La Joue sa hauteur rendant,
Teinte de beaute vermeilhete,
Comme la pomme encor pendant',
Mais qui est pres de sa keulhete.   152

Une bouche qui tousjours rit
De deus bors animez d'un rouge,
Tretisse,[10] et qui vous favorit
Parlant, encor qu'el' ne se bouge.   156
Un Eulh de hardie dousseur,
Qui ça et la folatre mene
Son noir[11] de longuete[12] grosseur,
A fleur d'un arc[13] poli d'Hebene.   160

Flutes, Epinetes et Luz
Sonnent les galhardes cadances:
Et ceus qui s'entre sont eluz[14]
En long, en tour menent leurs danses.   164
Deus à deus, or loin et or pres,
Tout à la fois ilz s'antreguignent:[15]
Puis ça puis la leurs piez proprez
Tournent sautent virent trepignent.   168

Cete Deesse des plaisirs
Par l'Univers les joies seme
Et gouverne tous les desirs
Dont par tout plus ou moins on s'aime.   172
Les Amans s'y vont nourriçans
De ces deliz qu'ilz y reçoivent,
Leur jeunece refloriçans
Des nectars amoureus qu'ilz boivent.   176

En ce Pourpris se forme un Beau
Des Sons, des Verdures, des Gammes:
Mais comme quoi? comme un flambeau
Iluminant de plusieurs flammes: 180
Un Beau, Idee de beautez
Mise en reserve precieuse
Ou les vraiz desseins sont notez,
De toute chose specieuse.[16]   184

Car la un beau son est seme,
La, est une Couleur aimee,
La, le beau trait d'un cors aime,
La, une Odeur belle est semee.   188

Brief, celle Beaute s'y epard
De toutes Beautez la plus monde.[17]
Le Soleilh pourtant mis apart,
Beaute des idees du Monde.   192

26
PONTUS DE TYARD
De ses affections

Au plus haut de l'humain chef
Sied l'Ame de la raison,
Tentant voller derechef
En l'eternelle maison,   4
D'où jadis le Cheval noir,[1]
(Cheval rebour) la feit choir,
Malgré l'autre aux blanches aesles.
Renouvellant donc son cours   8
S'empenne par ses discours
De maintes plumes nouvelles.

Elle apporte, en trebuchant,
Deux brandons pernicieux,   12
Qu'elle allume en approchant
Le cinquieme, & tiers des Cieux.[2]
En ces deux Cieux peuvent voir
Les chetifs Mortelz, ardoir   16
Deux astres (couple adultere)
Par lesquelz d'ireux souci,
De concupiscible aussi,
L'humaine raison s'altere.   20

Ainsi vient le fier desir
De s'abbreuver dans le sang,
Un colere cœur saisir
Entre l'un & l'autre flanc: 24
Ainsi l'un est arresté
A lascive volupté,
Lors que la soif de pecune,[3]

Ou la haute ambition,   28
Sacre une autre affection
A l'aveuglée Fortune.

L'Ame (quand luy sont connuz
Les sacrez, secretz hautains)   32
Qui de Mars, qui de Venus,
Ha en soy les feux estains,
Scet souz son naïf ranger
Ce naturel estranger.   36
Làs, la mienne peu experte
Se laisse encor decevoir
Au commun trompeur Espoir
D'un gain de plus grande perte.   40

L'espoir d'un fruit vicieux,
Ha longuement combatu
L'autre espoir ambitieux
D'atteindre au mont de vertu,   44
Pendant que l'aage lascif,
L'inutil sejour oisif,
(Deux succulentes nourrisses)
D'une trompeuse douceur,   48
Allettoient dedans mon cœur
Le mol troupeau des delices.

Jà s'estoit l'espoir premier
Soumiz aux loix du second,   52
Qui me faisoit familier
Des neuf Seurs du double mont:
Voici celle, qui ha pris
Son nom, du fils de Cypris,[4]   56
Qui un coronnant Panache
(Tesmoin du chant dont le Cœur
Aonien fut vainqueur)
De dessus son chef destache.   60

(Quand la race d'Acheloïs
Animée par Junon,
Osa penser de sa voix

Fouler l'Aonide nom,   64
Le priz de la gloire deu
Au mieux chantant fut rendu,
Aux neuf filles de Memoire,
Qui ont sur leurs noirs cheveux   68
Mis l'honneur des dos plumeux,
Pour couronner leur victoire.)

   Je veux de ceci forger
(Dit-elle) une aesle à tes vers: 72
A fin que d'un vol leger
Ils portent par l'Univers
Le saint honneur de l'object,
Auquel tu t'es fait subject   76
Sur la Maconnoise rive:[5]
Et qu'encor l'amoureux son
Jusques en nostre Helicon
De ta douce lyre arrive.   80

   Depuis j'ay tousjours chanté
La rare perfection
D'une Angelique beauté:
J'ay chanté ma passion   84
Inconstante constamment
En glace, en feu, du tourment
Qui l'esprit me mine, & ronge:
Comme l'homme se seduit,   88
(Le fol) d'un espoir sans fruit,
Qu'en veillant son esprit songe.

   Quante-fois ay-je deceu
Les pleurs de mes longues nuits   92
D'un court vain songe receu
Au mourir de mes ennuiz.
Quels quarlunaires[6] travaux
Se balanceront aux maux   96
De ma peine assez conneuë,
Puis que Madame la scet,
Et l'impiteux, qui ha fait
Ja ma jeunesse chenuë.   100

Ont quitté mes cheveux blans
Leur jeune naturel teint,
N'ayant encores mes ans
Leur sixieme Lustre[7] atteint?   104
Amour, qui fait un Hyver
Sur mon Prin-temps arriver,
De fleurs blanches me coronne,
Quand j'esperois pour honneur   108
D'un autre Dieu couronneur,
Une plus riche couronne.

Phebus ne permettroit pas
Que je fusse couronné   112
Des tousjours verdoyans bras
De sa fuyarde Daphné,
N'osant entreprendre rien
Dessus le Dieu Cyprien,[8]   116
Qui ses fleurs dessaisonnées
Fait fleurir en moy, à fin,
Que je connoisse la fin,
Où elles sont ordonnées.   120

Non de trop vigilant soin,
Non des ans meurs, & discrets,
Ceci peut estre tesmoin:
Mais bien d'autant de regrets   124
Au centre du cœur naissans,
Que j'ay de poils blanchissans.
Ah, que faut il que j'espere?
Amour, ma Dame, & ma foy,   128
Trois conjurez contre moy,
Ont conspiré ma misere.

Amour (comme il ha peu d'yeux)
Choisit le cler qui moins luit: 132
Mais, las, il obscurcit mieux
L'obscurité de ma nuit.
Ma dame en sa cruauté
Rend parfaite sa beauté,   136
Dont ma foy outrecuidée,

Vengeant dessus moy, son tort,
Fait vivre avecques ma mort,
La verité lapidée.   140

   Toy seulle pourras tuer
La Mort, Muse, si tu veux
Ces miens vers perpetuer
Jusqu'à noz derniers neveux.   144
Vollez, tristes vers, vollez,
Et aux mains de celle allez,
Qui se plait en mon martire,[9]
Pendant que d'un pouce lent   148
Sous un chant doux & tremblant,
Je vous traine sur ma lyre.

27
PIERRE DE RONSARD
L'Œuf

   Je vous donne des œufs. L'œuf en sa forme ronde
Semble au Ciel, qui peut tout en ses bras enfermer,
Le feu, l'air & la terre, & l'humeur de la mer,
Et sans estre comprins comprend tout en ce monde.   4
   La taye[1] semble à l'air, & la glere[2] feconde
Semble à la mer qui fait toutes choses germer:
L'aubin[3] ressemble au feu qui peut tout animer,
La coque[4] en pesanteur comme la terre abonde.   8
   Et le Ciel & les œufs de blancheur sont couvers.
Je vous donne (en donnant un œuf) tout l'Univers:
Divin est le present, s'il vous est agreable.
   Mais bien qu'il soit parfait, il ne peut egaler   12
Vostre perfection qui n'a point de semblable,
Dont les Dieux seulement sont dignes de parler.

28

PIERRE DE RONSARD

Hymne des astres, à Mellin de Saint-Gelais

C'est trop long temps, Mellin, demeuré sur la terre[1]
Dans l'humaine prison, qui l'Esprit nous enserre,
Le tenant engourdy d'un sommeil ocieux,
Il faut le delïer, & l'envoyer aux cieux: 4
Il me plaist en vivant de voir souz moy les nües,
Et presser de mes pas les espaules chenües
D'Atlas le porte-ciel, il me plaist de courir
Jusques au Firmament, & les secretz ouvrir   8
(S'il m'est ainsi permis) des Astres admirables,
Et chanter leurs regardz de noz destins coupables:[2]
Pour t'en faire un present Mellin, enfant du Ciel,
MELLIN, qui pris ton nom de la douceur du miel   12
Qu'au berceau tu mangeas, quand en lieu de nourrice
L'Abeille te repeut de Thin & de Melisse.
Aussi je ferois tort à mes vers, & à moy,
Si je les consacrois à un autre qu'à toy,   16
Qui sçais le cours du Ciel, & congnois les puissances
Des Astres dont je parle, & de leurs influences.

  Des le commencement (s'il faut le croire ainsi)
Les Estoilles n'avoient noz destins en soucy,   20
Et n'avoient point encor de tout ce Monde large,
Comme ell' ont aujourdhuy, ny le soing ny la charge:
Sans plus elles flamboyent[3] pour un bel ornement,
Eparses, sans vertu, par tout le Firmament.   24
Quand le Soleil hurtoit des Indes les barrieres
Sortant de l'Ocean, les Heures ses portieres
Couroient un peu devant son lumineux flambeau
R'amasser par le Ciel, des Astres le troupeau,   28
Qui demenoit la dance, & les contoient par nombre,
Ainsi que les pasteurs, qui le matin souz l'ombre
D'un chesne, vont contant leurs brebis & leurs bœufz,
Ains que[4] les mener paistre aux rivages herbeux.   32

  Quand la Lune monstroit sa corne venerable,
Les Heures de rechef ouvroient la grande estable,
Où les Astres logeoient en repos tout le jour,

Les remenant baller du Ciel tout à-l'entour,[5]   36
Puis les serroient par compte à l'heure accoustumée
Que le Soleil avoit nostre terre allumée:
Si est ce qu'à la fin un estrange malheur
(Un malheur peut servir) mist leur flamme en valeur.   40
La nuict que les Geantz, à toute peine, enterent
Pelion dessus Osse, & sur Osse planterent
Le nuageux Olympe, à fin de debouter
Jupiter de son regne, & vaincu, le donter: 44
Les Astres, des ce soir, force & puissance prindrent,
Et pour jamais au Ciel un lieu ferme retindrent:
Desja ces grans Geans en grimpant contremont,
D'Olympe sourcilleux avoient gaigné le front,   48
Et ja tenoient le Ciel: & le filz de Saturne
Eussent Emprisonné dans la Chartre[6] nocturne
De l'Abysme d'Enfer, où il tient enserrez
Et de mains, & de piedz, les Titans[7] enferrez: 52
Sans l'Astre, qui depuis eut le surnom de l'Ourse,[8]
Qui regardoit pour lors toute seule la course
Des autres qui dançoient, & si ne dançoit pas,
Ayant, comme ja lasse, arresté ses beaux pas   56
Fermes devers Borée,[9] & là, voyant l'embuche
Que brassoient les Geantz tout soudain elle huche[10]
La troupe de ses Sœurs, & s'en va reciter
En tramblant l'ambuscade au pere Jupiter.   60
   Armez-vous (dist l'Estoille) armez, vestez vos armes,
Armez vous, Armez vous: je ne sçay quelz gendarmes
Ont voulu trois grandz montz l'un sur l'autre entasser
Pour conquerir le Ciel, & pour vous en chasser.   64
Adoncques Jupiter, tout en-sursaut[11] commande,
Ayant sa peau de Chevre,[12] à la Celeste bande
De vestir les Harnois, pour garder leur maison,
Et leurs mains de porter des fers en la prison.   68
   Ja desja s'ataquoit l'escharmouche odieuse,
Quand des Astres flambans la troupe radieuse
Pour esbloüir la veüe aux Geantz furieux,
Se vint droicte planter vis-à-vis de leurs yeux,   72
Et alors Jupiter, du traict de sa tempeste
Aux Geantz aveuglez, ecarbouilla la teste,
Leur faisant distiller l'humeur de leurs cerveaux

Par les yeux, par la bouche, & par les deux naseaux,   76
Comme un fromage mol, qui surpendu s'égoute
Par les trous d'un pannier, à terre goute à goute.
    Lors des Astres divins (pour leur peine d'avoir
Envers sa Majesté si bien faict leur devoir)   80
Aresta la carriere, & tous en telle place
Qu'ilz avoient de fortune, & en pareille espace,
D'un lien aimantin[13] leurs plantes attacha,
Et comme de grans cloux dans le Ciel les ficha,   84
Ainsi qu'un Mareschal qui hors de la fornaise
Tire des cloux ardans, tous rayonnez de braise,
Qu'à grandz Coups de marteaux il congne durement
A-lentour d'une roüe arengez proprement: 88
Puis il leur mist es mains le fil des Destinées
Et leur donna pouvoir sur toutes choses nées,
Et que par leurs aspectz fatalisé seroit
Tout cela que Nature en ce Monde feroit: 92
Retenant toutesfois la superintendence
A soy, de leurs regardz, & de leur influence,
Et que, quand il voudroit, tout ce qu'ilz auroient faict
N'auroit autorité, ny force, ny effect.   96
    Les Estoilles adonc seulles se firent dames[14]
Sur tous les corps humains, & non dessus les ames,
Prenant l'Occasion à leur service, à fin
D'executer çà-bas l'arrest de leur destin.   100
Depuis, tous les oyseaux qui volent, & qui chantent,
Tous les poissons muetz, qui les ondes frequentent,
Et tous les animaux soit des champs, soit des bois,
Soit des montz caverneux, furent serfz de leurs loix: 104
Mais l'homme, par sur tout, eut sa vie sujette
Aux destins que le Ciel par les Astres luy jette,
L'homme, qui le premier comprendre les osa,
Et telz noms qu'il voulut au Ciel leur composa.   108
    L'un s'adonne à la guerre, & ne vit que de proye,
Et cherche de mourir devant les murs de Troye,
Ayant percé le cœur de la lance d'Hector,
L'autre devient Typhis,[15] & veut mener encor'   112
Les Herôs voir le Phase, & repasser sans crainte
Des rocz Cyanëans l'emboucheure contrainte,
Et sçait pronostiquer deux ou trois jours devant,

Courbé sur le tillac, la tempeste & le vent.   116
   L'un est né Laboureur, & maugré qu'il en aye
Eguillonne ses bœufz, & fend de mainte playe
Avec le soc aigu, l'eschine des guerets,[16]
Pour y semer les dons de la mere Ceres.   120
L'autre est né Vigneron, & d'une droite ligne
Dessuz les montz pierreux plante la noble vigne,
Ou taille les vieux cepz, ou leur beche les piedz,
Ou rend aux eschallatz[17] les provins mariés.   124
   L'un pesche par contrainte (ainsi vous pleut Estoilles)
Et conduisant sur l'eau ses rames, & ses voilles,
Traine son rét maillé, & ose bien armer
Son bras, pour assommer les monstres de la mer: 128
Aucunefois il plonge, & sans reprandre haleine
Espie les Tritons jusque au fond de l'arene,[18]
Aucunefois il tend ses friands hameçons,
Et sur le bord derobe aux fleuves leurs poissons.   132
L'autre se fait Chasseur, & perd dans son courage
Le soing de ses enfans, & de tout son mesnage,
Pour courir par les bois apres quelque sanglier,
Ou pour faire les loups aux dogues estrangler,   136
Et languist s'il n'atache à sa porte les testes,
Et les diverses peaux, de mille estranges bestes.
   L'un va dessouz la terre, & fouille les metaux
D'or, d'argent, & de fer, la semence des maux,   140
Que nature n'avoit, comme tresaige mere,
(Pour nostre grant profit) voulu mettre en lumiere:
Puis devient Alchimiste, & multiplie en vain
L'or aislé, qui si tost luy vole de la main.   144
L'autre par le metier sa navette promeine,
Ou peigne les toisons d'une grossiere laine,
Et diries que d'Arachne[19] il est le nourrisson.
L'un est Graveur, Orfevre, Entailleur, & Maçon,   148
Traffiqueur, Lapidaire, & Mercier, qui va querre
Des biens, à son peril, en quelque estrange terre.
Aux autres vous donnez des métiers bien meilleurs,
Et ne les faictes pas Mareschaux, ny Tailleurs,   152
Mais Philosophes grans, qui par longues estudes
Ont faict un art certain de voz incertitudes:
Ausquelz avez donné puissance d'escouter

Voz mysteres divins, pour nous les raconter.   156
   Cettuy cy congnoit bien des oyseaux le langage,
Et sçait conjecturer des songes le presage,
Il nous dit nostre vie, & d'un propos obscur,
A qui l'en interroge annonce le futur.   160
Cestuy là des naissance est faict sacré poëte,
Et jamais souz ses doigs sa Lyre n'est müette,
Qu'il ne chante tousjours d'un vers melodieux
Les Hymnes excellens des hommes, & des Dieux,   164
Ainsi que toy, MELLIN, orné de tant de graces,
Qui en cest art gentil les mieux disans surpasses.
   Cestuy-cy plus ardant, & d'un cœur plus hautain
Guide une Colonie en un païs lointain,   168
Et n'y a ny torrent, ny mont qui le retienne:
Ores il faict razer une ville ancienne,
Ores une nouvelle il bastit de son nom,
Et ne veut amasser tresor, que de renom.   172
Cettuy-là faict le brave, & s'ose faire croire
Que la hauteur du Ciel il hurte de sa gloire,
Presque adoré du peuple, & ne veut endurer
Qu'un autre à luy se vienne en credit mesurer: 176
Mais il voit à la fin son audace coupée,
Et meurt pauvre & fuïtif comme un autre Pompée.
Cettuy comme un Cesar apres avoir rué
L'Empire sous ses piedz, est à la fin tué   180
De ses gens, & ne peut fuïr la destinée
Certaine, qu'en naissant vous luy avez donnée.
Sans plus vous nous causez noz biens & noz malheurs,
Mais vous causez aussi noz diverses humeurs,   184
Vous nous faictes ardans, flumatiques,[20] coleres,
Rassis, impatiens, courtisans, solitaires,
Tristes, plaisans, gentilz, hardis, froidz, orguilleux,
Eloquens, ignorans, simples, & cauteleux.[21]   188
Que diray plus de vous? par voz bornes marquées
Le Soleil refranchist ses courses revoquées,
Et nous refaict les mois, les ans, & les saisons,
Selon qu'il entre ou sort de voz belles maisons: 192
Dessous vostre pouvoir s'asseurent les grands villes:
Vous nous donnez des temps les signes tresutilles,
Et soit que vous couchés, ou soit que vous levez,

En diverses façons les signes vous avez   196
Imprimez sur le front, des vens & des orages,
Des pluyes, des frimatz, des gresles, & des neiges,
Et selon les couleurs qui paignent vos flambeaux,
On congnoit si les jours seront ou laidz ou beaux.[22]   200
Vous nous donnez aussi par voz marques celestes
Les presages certains des fiebvres & des pestes,
Et des maux, qui bien tost doivent tomber çà bas,
Les signes de famine, & des futurs combas: 204
Car vous estes de DIEU, les sacrez Caracteres,
Ainçois de ce grand DIEU, fidelles secretaires,
Par qui sa volunté faict sçavoir aux humains,
Comme s'il nous marquoit un papier de ses mains.   208
Non seulement par vous ce grand Seigneur & Maistre
Donne ses volontez aux hommes à congnoistre:
Mais par l'onde & par l'air & par le feu trespront:
Voire (qui le croira) par les lignes qui sont   212
Escrites dans noz mains, & sur nostre visage,
Desquelles qui pourroit[23] au vray sçavoir l'usage,
Nous verrions imprimez clairement là dedans
Ensemble noz mauvais & noz bons accidens: 216
Mais faute de pouvoir telles lignes entendre,
Qui sont propres à nous, nous ne povons comprendre
Ce que DIEU nous escrit, & sans jamais prevoir
Nostre malheur futur, tousjours nous laissons cheoir   220
Apres une misere, en une autre misere:
Mais certes par sur tous en vous reluit plus claire
La volonté de DIEU, d'autant que sa grandeur
Alume de plus pres vostre belle splendeur.   224
    O que loing de raison celuy follement erre
Qui dit que vous paissez des humeurs de la terre!
Si l'humeur vous paissoit, vous seriés corrompuz,
Et pource, Astres divins, vous n'estes point repuz,   228
Vostre feu vous nourrist, ainsi qu'une fontaine
Qui tant plus va coulant, plus se regorge plaine,
Comme ayant de son eau le surjon perennel:
Ainsi, ayant en vous le surjon eternel   232
D'un feu natif, jamais ne vous faut[24] la lumiere,
Laquelle luit en vous, comme au Soleil, premiere.
    Comment pourroit la Terre en son giron fournir

Tousjours assez d'humeur pour vous entretenir   236
Quand la moindre de vous en grandeur la surpasse?
Comment iroit l'humeur de ceste terre basse
Jusques à vous là-haut, sans se voir dessecher
Des rayons du Soleil, avant que vous toucher?   240
  Fol est encore celuy, qui mortelz vous pense estre,
Mourir quand nous mourons, & quand nous naissons, naistre,
Et que les plus luisans aux Roys sont destinez,
Et les moins flamboyans aux Paovres assignez.   244
Tel soing ne vous tient pas, car apres noz naissances
Que vous avez versé dedans nous voz puissances,
Plus ne vous chaut de nous, ny de noz faictz aussi:
Ains courez en repoz, delivrez de soucy,   248
Et francz des passions, qui des le berceau suyvent
Les hommes qui ça-bas chargez de peine vivent.
  Je vous salue Enfans de la premiere nuit,
Heureux Astres divins, par qui tout se conduit: 252
Pendant que vous tournez vostre dance ordonnée
Au Ciel, j'acompliray ça-bas la destinée
Qu'il vous pleut me verser, bonne ou mauvaise, alors
Que mon ame immortelle entra dedans mon corps.   256

29

MAURICE SCÈVE

Blason du souspir

Quant je contemple à part moy la beaulté
Qui cele en soy si grande cruaulté,
Je ne puis lors bonnement non me plaindre,
Et par souspirs accumulez esteindre   4
Ce peu de vie, & presque tyrer hors
L'ame gisant en ce malheureux corps,
Comme par ceulx qui du centre procedent,
Où mes tormens tous autres maulx excedent.   8
Donc, ô Souspirs, vous scavez mes secretz,
Et descouvrez mes douloureux regretz,
Quand vous sortez sanglantissans du cueur
Jusque à la bouche esteincte par langueur: 12

Où allez vous Souspirs quand vous sortez
Si vainement que rien ne rapportez
Fors un desir de tousjours souspirer,
Dont le poulmon ne peult plus respirer?   16
Souspirs espars qui tant espaix se hastent
Que pour sortir en la bouche ilz se batent
Ne plus ne moins, quen estroicte fornaise
Lon voit la flamme yssir mal à son aise.   20
Souspirs soubdains & vistes & legiers.
Souspirs qui sont desloyaulx messagiers.
Ha qu'ay-je dit? desloyaulx, mais fideles,
S'entretenans par distinctes cordelles,   24
A celle fin que point ne m'abandonnent:
Et que tousjours soulagement me donnent.
Souspirs menuz qui estes ma maignie,[1]
Et me tenez loyalle compaignie   28
Les longues nuictz, au lict de mes doleurs
Qui est coulpable, & receleur[2] de pleurs,
Lesquelz je mesle avec trespiteux plainctz
Lors qu'à vous seulz tristement je me plains.   32
Souspirs secretz servans de procureur
Quand pour juger ignorance, ou erreur,
Ilz vont pour moy vers celle comparoistre,
Où je ne puis, au moins à presence estre.   36
Que dira lon de vous souspirs espaix,
Qui ne povez dehors sortir en paix:
Levans aux cieulx vostre longue trainée?
Alors qu'on voit fumer la cheminée,   40
Lon peult juger par signes evidens
Qu'il y a feu qui couve la dedens:
Et quand souvent je sangloutte, & souspire,
Que dans mon corps le feu croit & empire.   44
Souspirs qui sont le souef & doulx vent
Qui vont la flambe en mon cueur esmouvant.
O toy Souspir seul soulas de ma vie,
Qui sors du sein de ma doulcette amye: 48
Dy moy que fait ce mien cueur trop ausé:
Je croy qu'il s'est en tel lieu composé
Quamour piteux si hault bien luy procure
Qu'il n'aura plus de moy soucy, ne cure.[3]   52

30

MAURICE SCÈVE

Délie

(24) Quand l'œil aux champs est d'esclairs esblouy,
Luy semble nuyt quelque part, qu'il regarde:
Puis peu a peu de clarté resjouy,
Des soubdains feuz du Ciel se contregarde.   4
   Mais moy conduict dessoubs la sauvegarde
De ceste tienne, & unique lumiere,
Qui m'offusca ma lyesse premiere
Par tes doulx rayz aiguement suyviz,   8
Ne me pers plus en veue coustumiere.
   Car seulement pour t'adorer je vis.

(56) Le Corps travaille a forces enervées,
Se resolvant l'Esprit en autre vie.
Le Sens troublé voit choses controvées
Par la memoire en phantasmes ravie.   4
Et la Raison estant d'eulx asservie
(Non aultrement de son propre delivre)
Me detenant, sans mourir, & sans vivre,
En toy des quatre à mis leur guerison.   8
   Doncques a tort ne t'ont voulu poursuyvre
Le Corps, l'Esprit, le Sens, & la Raison.[1]

(79) L'Aulbe estaingnoit Estoilles a foison,
Tirant le jour des regions infimes,
Quand Apollo montant sur l'Orison
Des montz cornuz doroit les haultes cymes.   4
Lors du profond des tenebreux Abysmes,
Ou mon penser par ses fascheux ennuyz
Me fait souvent perçer les longues nuictz,
Je revoquay a moy l'ame ravie: 8
Qui, dessechant mes larmoyantz conduictz,
Me feit cler veoir le Soleil de ma vie.

(106)   J'attens ma paix du repos de la nuict,
        Nuict refrigere a toute aspre tristesse:
        Mais s'absconsant le Soleil, qui me nuyt,
        Noye avec soy ce peu de ma liesse.   4
            Car lors jectant ses cornes la Deesse,
        Qui du bas Ciel esclere la nuict brune,
        Renaist soubdain en moy celle aultre Lune
        Luisante au centre, ou l'Ame à son sejour.   8
        Qui, m'excitant a ma peine commune,
        Me fait la nuict estre un penible jour.

(118)   Le hault penser de mes frailes desirs
        Me chatouilloit a plus haulte entreprise,
        Me desrobant moymesme a mes plaisirs,
        Pour destourner la memoire surprise   4
        Du bien, auquel l'Ame demoura prise:
        Dont, comme neige au Soleil, je me fondz
        Et mes souspirs dès leurs centres profondz
        Si haultement eslevent leurs voix vives,   8
        Que plongeant l'Ame, et la memoire au fondz,
        Tout je m'abysme aux oblieuses rives.

(148)   Voy que l'Hyver tremblant en son sejour,
        Aux champs tous nudz sont leurs arbres failliz.
        Puis le Printemps ramenant le beau jour,
        Leur sont bourgeons, fueilles, fleurs, fruictz sailliz: 4
            Arbres, buissons, & hayes, & tailliz
        Se crespent lors en leur gaye verdure.
            Tant que sur moy le tien ingrat froit dure,
        Mon espoir est denué de son herbe: 8
        Puis retournant le doulx Ver sans froidure
        Mon An se frise en son Avril superbe.

(170) Ma Dame & moy jouantz emmy[2] vn pré
       Voicy tonnoirre, esclairs, nuict, & la pluye.
       Parquoy soubdain je fuis oultre mon gré
       Avecques moy cuydant, qu'elle s'en fuye.   4
           Et quand je fus au couvert, je m'appuye
       Pour prendre aleine, & pour aussi la veoir.
           Mais pour le temps ne se voulut movoir:
       Car l'eau par tout la fuyoit çà, & là.   8
       Lors j'apperceus les Dieux du Ciel pleuvoir
       Craingnantz son feu, qui tant de gentz brula.

(171) Parmy ces champs Automne pluvieux
       Ressussitant au naistre le doulx Ver,
       A son mourir ouvre le froit Hyver
       Du commun bien de nature envieux.   4
           L'air s'obscurcit, & le Vent ennuyeux
       Les arbres vertz de leurs fueilles denue.
       Adonc en moy, peu a peu, diminue
       Non celle ardeur, qui croit l'affection,   8
       Mais la ferveur, qui detient la foy nue
       Toute gelée en sa perfection.

(178) Pour estre l'air tout offusqué de nues
       Ne provient point du temps caligineux:[3]
       Et veoir icy tenebres continues
       N'est procedé d'Autonne bruyneux.   4
           Mais pour autant que tez yeulx ruyneux
       Ont demoly le fort de tous mes aises
       Comme au Faulxbourg les fumantes fornaises
       Rendent obscurs les circonvoysins lieux,   8
       Le feu ardent de mes si grandz mesaises
       Par mes souspirs obtenebre[4] les Cieulx.

(191)   C'est de pitié que lors tu me desgoustes,
        Quand travaillant en ce mien penser fraile,
        Tu vois ma face emperlée de gouttes
        Se congelantz menues, comme gresle.   4
          Car ta froideur avec mon froit se mesle,
        Qui me rend tout si tristement dolent,
        Que, nonobstant que mon naturel lent
        M'argue[5] asses, & me face blasmer,   8
        Pour estre amour un mal si violent,
        Las je ne puis patiemment aymer.

(221)   Sur le Printemps, que les Aloses montent,
        Ma Dame, & moy saultons dans le batteau,
        Ou les Pescheurs entre eulx leur prinse comptent,
        Et une en prent: qui sentant l'air nouveau,   4
        Tant se debat, qu'en fin se saulve en l'eau,
        Dont ma Maistresse & pleure, & se tourmente.
          Cesse: luy dy je, il fault que je lamente
        L'heur du Poisson, que n'as sceu attraper,   8
        Car il est hors de prison vehemente,
        Ou de tes mains ne peuz onc eschapper.

(243)   Ces tiens, non yeulx, mais estoilles celestes,
        Ont influence & sur l'Ame, & le Corps:
        Combien qu'au Corps ne soient trop molestes
        En l'Ame, las, causent mille discordz,   4
        Mille debatz, puis soubdain mille accordz,
        Selon que m'est ma pensée agitée.
          Parquoy vaguant en Mer tant irritée
        De mes pensers, tumultueux tourment,   8
        Je suy ta face, ou ma Nef incitée
        Trouve son feu, qui son Port ne luy ment.

(290)   Comme gelée au monter du Soleil,
        Mon ame sens, qui toute se distille
        Au rencontrer le rayant de son œil,
        Dont le povoir me rend si fort debile,   4
        Que je devien tous les jours moins habile
        A resister aux amoureux traictz d'elle.
           En la voyant ainsi plaisamment belle,
        Et le plaisir croissant de bien en mieulx   8
        Par une joye incongneue, & novelle,
        Que ne suis donc plus, qu'Argus,[6] tout en yeulx?

(331)   L'humidité, Hydraule[7] de mes yeulx,
        Vuyde tousjours par l'impie en l'oblique,
        L'y attrayant, pour air des vuydes lieux,
        Ces miens souspirs, qu'a suyvre elle s'applique.   4
           Ainsi tous temps descent, monte, & replique,
        Pour abrever mes flammes appaisées.
           Doncques me sont mes larmes si aisées
        A tant pleurer, que sans cesser distillent?   8
        Las du plus hault goutte a goutte elles filent,
        Tombant aux sains, dont elles sont puysées.

(339)   Ainsi que l'air de nues se devest
        Pour nous monstrer l'esprit de son serain:
        Ainsi, quand elle ou triste, ou pensive est,
        Reprent le clair de son tainct souverain,   4
        Pour entailler mieulx, qu'en Bronze, ou aerain,
        Et confermer en moy mon esperance:
        A celle fin, que la perseverance
        Tousjours me poulse a si heureux deduytz,   8
        Comme elle sçait, qu'en fidele asseurance,
        Celant mon feu, a bon Port le conduys.

(342) Quand quelquesfoys d'elle a elle me plaings,
Et que son tort je luy fais recongnoistre,
De ses yeulx clers d'honneste courroux plains
Sortant rosée en pluye vient a croistre.   4
    Mais, comme on voit le Soleil apparoistre
Sur le Printemps parmy l'air pluvieux,
Le Rossignol a chanter curieux
S'esgaye lors, ses plumes arousant.   8
    Ainsi Amour aux larmes de ses yeulx
Ses aeles baigne, a gré se reposant.

(334) En aultre part, que là, ou ilz aspirent,
Je sens tousjours mes souspirs s'en aller,
Voire enflambez: Car alors qu'ilz respirent,
Ce n'est sinon pour l'ardeur exhaler,   4
Qui m'occupant l'alaine, & le parler,
Me fait des yeulx si grosse pluye estraindre.
    Mes larmes donc n'ont elles peu estaindre
Mon feu, ou luy mes grandz pleurs dessecher?   8
Non: mais me font, sans l'un l'aultre empecher,
Comme boys vert, bruler, pleurer, & plaindre.

(360) En ce Faulxbourg celle ardente fornaise[8]
N'esleve point si hault sa forte alaine,
Que mes souspirs respandent a leur aise,
Leur grand' fumée, en l'air qui se pourmeine.   4
    Et le Canon, qui paour, & horreur meine,
Ne territ point par son bruyt furieux
Si durement les circonvoysins lieux,
Qui sa ruyne, & sa fureur soustiennent,   8
Que mes sanglotz penetrantz jusqu'aux cieulx
Esmeuvent ceulx, qui en cruaulté regnent.

(367) Asses plus long, qu'un Siecle Platonique,[9]
       Me fut le moys, que sans toy suis esté:
       Mais quand ton front je revy pacifique,
       Sejour treshault de toute honnesteté,   4
       Ou l'empire est du conseil arresté
       Mes songes lors je creus estre devins.
          Car en mon corps: mon Ame, tu revins,
       Sentant ses mains, mains celestement blanches,   8
       Avec leurs bras mortellement divins
       L'un coronner mon col, l'aultre mes hanches.

(376) Tu es le Corps, Dame, & je suis ton umbre,
       Qui en ce mien continuel silence
       Me fais mouvoir, non comme Hecate[10] l'Umbre,
       Par ennuieuse, & grande violence,   4
       Mais par povoir de ta haulte excellence,
       En me movant au doulx contournement
       De tous tes faictz, & plus soubdainement,
       Que lon ne veoit l'umbre suyvre le corps,   8
       Fors que je sens trop inhumainement
       Noz sainctz vouloirs estre ensemble discords.

(377) Ce cler luisant sur la couleur de paille
       T'appelle au but follement pretendu:
       Et de moy, Dame, asseurance te baille,
       Si chasque signe est par toy entendu.   4
          Car le jaulne[11] est mon bien attendu
       (Souffre qu'ainsi je nomme mes attentes,
       Veu que de moins asses tu me contentes)
       Lequel le blanc si gentement decore: 8
          Et ce neigeant flocquant parmy ces fentes
       Est pure foy, qui jouyssance honnore.

(392) Les elementz entre eulx sont ennemys,
       Movantz tousjours continuelz discors:
       Et toutesfois se font ensemble amys
       Pour composer l'union de ce corps.   4
          Mais toy contraire aux naturelz accordz,
       Et a tout bien, que la Nature baille,
       En ceste mienne immortelle bataille
       Tu te rens doulce, & t'appaises soubdain: 8
          Et quand la paix a nous unir travaille,
       Tu t'esmeulx toute en guerre, & en desdain.

(434) Ainsi absent la memoyre posée,
       Et plus tranquille, & apte a concevoir,
       Par la raison estant interposée,
       Comme clarté a l'object, qu'on veult veoir: 4
       Rumine en soy, & sans se decevoir
       Gouste trop mieulx sa vertu, & sa grace,
       Que ne faisoient presentez a sa face
       Les sentementz¹² de leur joye enyvrez,   8
       Qui maintenant par plus grand' efficace
       Sentent leur bien de leur mal delivrez.

(444) Nature au Ciel, non Peripatetique,
       Mais trop plus digne a si doulce folie,
       Crea Amour sainctement phrenetique,
       Pour me remplir d'une melencolie   4
       Si plaisamment, que ceste qui me lye
       A la Vertu me pouvant consommer,
       Pour dignement par Raison renommer
       Le bien, du bien qui sans comparaison   8
       La monstre seule, ou je puisse estimer
       Nature, Amour, & Vertu, & Raison.

(447)   Si tu t'enquiers pourquoy sur mon tombeau
        Lon auroit mys deux elementz contraires,
        Comme tu voys estre le feu, & l'eau
        Entre elementz les deux plus adversaires: 4
        Je t'advertis, qu'ilz sont tresnecessaires
        Pour te monstrer par signes evidentz,
        Que si en moy ont esté residentz
        Larmes & feu, bataille asprement rude: 8
        Qu'apres ma mort encores cy dedens
        Je pleure, & ars pour ton ingratitude.

(449)   Flamme si saincte en son cler durera,
        Tousjours luysante en publique apparence,
        Tant que ce Monde en soy demeurera,
        Et qu'on aura Amour en reverence.   4
            Aussi je voy bien peu de difference
        Entre l'ardeur, qui noz cœurs poursuyvra,
        Et la vertu, qui vive nous suyvra
        Oultre le Ciel amplement long, & large.   8
            Nostre Genevre ainsi doncques vivra
        Non offensé d'aulcun mortel Letharge.[13]

Mathematics and Music

31
JACQUES PELETIER DU MANS
A ceux qui blament les Mathematiques

Tant plus je voy que vous blamez
Si noble discipline,
Plus a l'aimer vous enflammez
Ma volonté encline: 4
  Car ce qui a moins de suivans
D'autant plus il est rare,
Et est la chose entre vivans
Dont on est plus avare.   8
  Il n'est pas en vostre puissance
Qu'y soyez addonnez:
Car le Ciel des vostre naissance
Vous en a destournez: 12
  Ou ayans persuasion
Que tant la peine en couste,
Est la meilleure occasion
Qui tant vous en degouste.   16
  Le Ciel orné de telz flambeaux
N'est il point admirable?
La notice de corps si beaux
N'est elle desirable?   20
  Du celeste ouvrage l'obget
Si vray & regulier,
N'est il sus tout autre suget
Beau, noble, & singulier?   24
  N'est ce rien d'avoir peu prevoir
Par les cours ordinaires
L'Eclipse que doit recevoir
L'un des deux Luminaires?[1]   28
  D'avoir seu par vrayes pratticques
Les aspectz calculer?

Et congnoistre les Erraticques[2]
Marcher ou reculler?
    Toutesfois il n'est ja besoing
Que tant fort je la loue,
Veu que je n'ay vouloir ny soing
Que de ce, lon m'avoue:
    Car que chaut il a qui l'honore
Qu'elle soit contennee?[3]
Science de cil qui l'ignore
Est tousjours condannee.
    Assez regarde l'indocte homme
Du Ciel rond la ceinture,
Mais il s'y congnoit ainsi comme
L'aveugle en la peinture.
    Celuy qui a l'ame ravie
Par les Cieux va & passe,
Et souvent voit durant' sa vie
D'enhault la terre basse.
    Ceste science l'homme éveille
Alors qu'il imagine
La facture et grande merveille
De la ronde machine.
    C'est celle par qui mieux s'appreuve
L'immense Deité,
Et qui des Athees repreuve
L'erreur & vanité.

32

32
36
40
44
48
52
56

32
GUY LEFÈVRE DE LA BODERIE
Galliade, Cercle IIII

Ce Bardus du grand Dis sou-fils & heritier[1]
Sur les Muses des Cieux reglant le doux mestier
Des Muses de la Terre, enseignoit la pratique
D'attirer icy bas la celeste Musique,
Et aux Bardes monstroit fils du Réson de vois,
Comme le son produit de la bouche une fois
Se respand dedans l'air, & y descrit & trace

77
80

Tout autour de son poinct meint cercle & meint espace   84
Au compas arrondy, comme on voit s'ordonner
La parolle & le son qu'un homme vient sonner,
Laquelle en tant de plis dedans l'air se replie,
Qu'unique en millions elle se multiplie,   88
Et sortant d'une bouche elle entre, & se diffond
En dix mil milliars de trous percez en rond,
Unique contentant par suites nompareilles
D'hommes presqu'infinis les ouvertes oreilles.   92
　　Ne plus ne moins qu'on voit qu'en calme & dormante eau
Le seul ject d'un caillou meint & meint cercle beau,
L'un de l'autre suivy tousjours en forme ronde
Trace, peint, & descrit sur le Tableau de l'onde: 96
　　Ne plus ne moins le son qui s'engendre & se fait
De vent, de voix, de chorde, ou de parler parfait,
S'augmentant peu à peu en cercles se dilate,
Et bourdonne tout bas, ou bien en haut esclate: 100
Bas, quand il est poussé tout tardif & tout lent:
Et haut, quand il se fait soudain & violent.
　　Mais d'un ton balancé & de teneur naïve
Est la voix non trop prompte, & aussi non tardive.   104
　　Et tout ainsi encor comme en des chalumeaux
Entr'eux appariez[2] en sept Orgues gemeaux
Le vent soufflé dedans plus haut l'oreille touche
Par les pertuis qui sont les plus pres de la bouche,   108
D'autant qu'il est plus fort, & est moins entendu
D'autant qu'il est plus loin de la bouche estendu:
　　Ne plus ne moins le son qui sort comme du centre
Du grand Esprit moteur, & dans les Sferes entre,   112
Se fait ouyr plus haut aux Esprits despouillez
De la masse du corps, & des sens embrouillez,
D'autant qu'il est plus pres de son principe & source,
Et d'autant que le Ciel haste plustost sa course.   116
　　Pourtant, disoit Bardus, le dixiesme des Cieux[3]
Que le grand Apollon non jamais ocieux
Entonne de sa voix, qui s'y pourmene & roule
Comme en un instrument, un organe, ou un moule,   120
Sonne plus haut & clair que les neuf d'au-dessous
Des neuf Syrenes seurs[4] entonnez & secous:
D'autant que la vertu de l'Ame surmondaine

Se fait plus pres sentir en la Sfere soudaine,   124
Puis en celle d'apres, puis en celle qui suit,
Et l'ordre tout ainsi aux autres se conduit
Jusqu'au Ciel de la Lune, où la voix estendue
Est plus lente & plus foible, & moins clair entendue.   128
  Car l'Ame, disoit-il, qui comble l'Univers,
Se lie & s'entretient de sept[5] nombres divers,
De nompair & de pair comme masle & femelle
Ensemble mariez d'alliance gemelle: 132
Et devoit par raison l'Ame qui tout produit,
Qui penetre par tout, & par tout se conduit,
Estre abondante en soy, & fecondement pleine
Du nompair & du pair joincts comme d'une cheine.   136
Donq le nombre premier qui s'assied & se met
Ainsi qu'en Pyramide à la poincte & sommet,[6]
Est la saincte Unité: apres suit le Binaire
Arrengé d'une part, de l'autre le Ternaire,   140
L'un double à son premier, & le tiers au second
Tout entier & demy le comprenant fecond,
Est Hemiole[7] en soy, & le premier regarde
Triple en proportion: le Quaternaire garde   144
Dessous le Deux son lieu, & le Neuf sous le Tiers
Egalement distant se range volontiers:
L'un est double au second, l'autre triple au troisieme,
Puis l'Huit succede apres, qui est double au quatrieme   148
Et octuple au premier, & vis à vis de luy
Pour fonder le Triangle en sa base & appuy
Est assis Vingt & sept, triple à Neuf, & qui plie
L'Un, que vingt & sept fois dedans soy multiplie.   152
  Or de ces nombres beaux desquels Dieu composa
L'Ame de l'Univers, alors qu'il disposa
Tout ce qui est, qui vit, & qui sent en Nature
Et tout ce qui entend, par poids, nombre & mesure,   156
Se forment entre nous les six genres d'accords
Sur les tons sonoreux des grands Celestes corps.
  Car Deux à l'Unité de tout sexe comblee
Fait la proportion que lon nomme Doublee,   160
Et d'elle naist l'accord, symfonie, & reson
Qu'en leur langue les Grecs nomment Diapason.[8]
Trois à Deux comparez font le nombre Hemiole

D'où naist Diapenté,[9] lors que la voix qui vole   164
Arrive à une Quinte: & de Quatre vers Trois
Qui est nombre Epitrite,[10] arrive & vient la vois
A Dïatessaron[11] qu'on appelle une Quarte:
Et depuis Trois à Un lors que la voix s'esquarte   168
Par muance, elle arrive à un accord vanté
Qu'on dit Dïapason auec Dïapenté,
Qu' à present nos François desquels la voix retinte,
Appellent une Octave avecques une Quinte.   172
Mais le nombre & l'accord qui d'Un à Quatre est fait,
Est Disdiapason[12] deux fois par tout parfait:
Et depuis Huit à Neuf est le nombre Epogdouë[13]
Lequel forme le ton, dont chaque accord avouë   176
Et prend plusieurs en soy: la Quarte est de deux tons
Avec un demy-ton, sans quelques menus sons
Joints & suradjoustez, que la plus riche veine
De nos Chantres François en mots propres à peine   180
Pourroit bien exprimer: la Quinte en soy comprend
Trois tons & un demy, & l'Octave qu'on prend
Pour le Dïapason, six tons entiers embrasse:
De neuf tons & demy s'entretient & compasse   184
L'accord de deux accords, & de deux noms enté,
Nommé Dïapason avec Dïapenté.
Mais Disdiapason qu'on nomme une Quinzieme,
Contient douze tons pleins, & est l'accord supreme   188
De la Musique humaine, & le plus estendu
Soit de vent, soit de voix, ou bien du nerf tendu
Que lon puisse imiter, & que l'humaine oreille
Puisse en soy percevoir. Mais des Cieux la merveille   192
S'estend bien plus avant, & peut dessous la voix
Du grand Esprit infus jusques à quatre fois
Comprendre & embrasser par nombreuse ordonnance
Les neuf tons & demy en bonne consonance.   196
    Or la suite de voix, ou l'estente de vent
Par marches & degrez ne parvient plus avant
Que jusques au Septiesme, & Dieu qui tout dispose,
Fait qu'au nombre de Sept presque tout se repose.   200
    Mais des hommes divers ja dés les siecles vieux
L'advis fut different quant aux voix des Cieux.[14]
Les uns ont estimé qu'au grand Ciel de Saturne

Se fait la grosse voix & presque taciturne   204
Comme l'Ut le plus bas: le Ré un peu plus haut
Se fait un Ciel d'apres: puis le Mi fait un sault
En la Sfere de Mars, & le Fa qui s'avance
Sonne au Ciel où Phebus demene en rond sa dance.   208
Et par ce que Venus & Mercure ont leur cours
Parfaict presque d'un temps, & presqu'en mesmes jours,
Quelques uns ont pensé que le Sol s'y entonne,
Et qu'en mesme unison deux fois il y resonne: 212
Et que le La, qui est le plus haut eslevé,
Demeure au Ciel Lunaire enclos & enclavé.
    Les autres ont pensé que dans la Sfere creuse
De Phebé, la voix grosse & la moins sonoreuse   216
Bourdonnoit le plus bas, & que les degrez six
Des six restantes voix estoient par ordre assis
Es autres Cieux suivants: si que la plus ardue
Et claire des sept voix bornoit son estendue   220
Au cercle Saturnin, qui plus viste rouloit
Que les six d'au-dessous, d'autant qu'il accoloit
Un espace plus grand, & par muance pronte
Que dans l'huitiesme Ciel l'Octave pleine monte.   224
    Mais les autres plus murs, qui d'un bon contrepois
Ensemble ont balancé la nature des vois
Sourdes & enroué's, hautes, claires & nettes,
Avec les qualitez propres aux sept Planetes,   228
Ont trouvé une voye & un sentier moyen
Pour lier leurs accords d'un plus parfait lien.
    Et d'autant que Phénon,[15] quoy qu'il meuve plus roide,
Est d'une qualité maline, seche, & froide,   232
Ennemy de la vie, & de voix, & d'accords,
Et des raiz & regards des six celestes corps,
A ses rayons plombez cy bas ont avouee
La voix qui sonne cas,[16] basse, obscure, enrouee: 236
Et luy assigné en la voix se tordant
La seconde & neuviesme à jamais n'accordant.
    Phaëton[17] ou Zedec[18] en son rang ordinaire
Est au contraire chaud, humide & debonnaire,   240
Doux & amy de tous, & de benins regards
Les guignant, fors sans plus le rouge & sanglant Mars.
Pource à son influence, & couleur estamee

La voix grave, aggreable, & constante, & ramee   244
Sur l'aile des Zefirs, des Graces, des Amours
Ils donnerent jadis, & encor en nos jours,
Assignant à son cours mouvement & cadance
L'Octave & la Quinzieme en parfaite accordance.   248
   Pyrois[19] vient apres, qui d'un oeil violent
Darde un rayon malin, desechant & brulant,
Qui n'est amy d'aucun, fors de Venus la douce
Qui d'un doux ray l'appaise alors qu'il se courrouce.   252
   A ses rayons sanglants, meurtriers, prompts, & ferrez
Ils ont attribué les voix & sons serrez
Aspres, agus, soudains, pleins d'ire & de discorde,
Et la Septiesme voix laquelle point n'accorde: 256
La Quatorziesme aussi dissonant en effect
Autant que la Quinziesme est un accord parfait.
   Le Soleil chaud & sec, & qui des rais qu'il darde
Les Planetes benins beninement regarde,   260
Par ses rayons dorez preside aux sons tous purs,
Venerables, & doux, sonoreux, non-obscurs,
Et entre les accords comme sienne il affecte
La Siziesme et Treiziesme en tous poincts non parfaite.   264
   Venus humide & chaude & d'œil benin & doux
Aguignant[20] son Guerrier, & les Planetes tous
Fors Saturne le froid, triste, pesant & morne,
Elle dans son Thoreau,[21] luy dans son Chevre-corne[21]   268
Par sa couleur d'airain retintant sonoreux
Preside aux sons plus mouls, lascifs & amoureux,
Espars & dilatez, & sous elle retinte
La Douziesme parfaite, & la parfaite Quinte.   272
   Variable & divers est l'astre de Stilbon,[22]
Avec malins malin, & avec les bons bon:
Pource on luy a donné les sons de plusieurs sortes,
Les variables voix, plus lasches, & moins fortes,   276
Plaisantes toutesfois, & entre les accords
Une Quarte, et l'Onziesme, imparfaits et moins forts.
   Mais la Lune argentee, humide, froide, & bonne
Conjointe avec les bons, cause le son qui sonne   280
Entre grave & agu, qui argentin & plein
N'est ny par trop tardif, ny aussi trop soudain,
Ainçois d'une teneur egale & balancee,

Non trop grosse ny haute, & non trop abbaissee: 284
Et entre les accords elle tient en son ply
Le diziesme, & le tiers, non du tout accomply.
. . .

    Or non des Cieux sans plus, mais des quatre[23] Elements   393
Nos Bardes empruntoient les quatre fondements
De la Musique humaine, & d'heureuse rencontre
Du plus bas Element prenoient la Basse contre,   396
Qui est centre & appuy sur lequel tout le chant
S'assied & se soustient & se va espanchant
Ainsi que l'eau & l'air & la flamme qui erre
Sont appuyez dessus le centre de la Terre: 400
Et la pleine Teneur ils empruntoient de l'Eau
Qui decoule aplanie ainsi comme au niveau.
De l'Air qui est plus haut, plus espars, & plus rare
La Haute-contre ou chant qui voltige & s'esgare   404
Ils empruntoient aussi: & du Feu de là sus
Celle part ils tenoient qu'on nomme le Dessus,
Qui fend l'air fleuretant sur chaque part diverse,
Comme le feu subtil le penetre & le perce.   408
    Ils pouvoient emprunter les pareilles raisons
Et de nos quatre humeurs, & des quatre saisons,
Dont le temperament accomplit & consomme
La consonance au Temps, & l'harmonie en l'homme.   412
Car l'Hyver froid & sec qui deseche & restreint,
Fait en ce Tetrachorde un son bas & contreint:
Et en l'organe humain la voix grosse s'allie
A la plus grosse humeur froide melancholie.   416
L'Autonne humide & froid, qui mouille frissonnant,
Est la seconde chorde au monde resonnant:
Le flegme humide et froid, qui dedans l'homme accorde,
Y sonne la Teneur ou la seconde chorde.   420
Le Printemps tout flory, qui est humide & chaud,
Sonne le fleuretis,[24] ou le chant Contre-haut:
Et le sang aëré moite, & chaud en nature
Fleurete un contre-chant ou la voix de peinture: 424
Mais l'Esté chaud & sec qui son ardeur estend,
Est la chorde du Temps qui plus haute se tend:
Et en nostre instrument la chaude & seche bile
Est la chorde qui tend plus roide à la chevile.[25]   428

L'Hyver garde & retient en la terre le grain,
Le Printemps fait enfler & son ventre & son sein,
Que la Nature ouvrant lors que l'an nouveau s'ouvre,
La semence natale en plein jour nous descouvre,   432
Boute hors les boutons aux arbres enfermez,
Et attire la séve en leurs tiges germez,
Zefire alors donnant à Flore son-aimee
Sa Cotte toute verte, & de fleurs parsemee.   436
    L'Esté fait herisser les plaines & les champs
D'espics murs barbelez, aux doux vents se panchants
Et flotans çà & là de leur perruque blonde
Comme on voit se suivir les branlements de l'onde.   440
    L'Autonne porte apres les fruits des arbres meurs,
Aux vignes les raisins, & destrempe d'humeurs
La Terre lors gaschee,[26] à qui baille & disperse
Le laboureur ses grains qu'en son ventre il luy verse.   444
Ainsi par tour se suit l'ordre dans ce grand corps,
Et ainsi sont meslez ensemble ses accords.
    Le Tetrachorde humain contient aussi unie
Liant les quatre humeurs sa nombreuse harmonie,   448
Et de la vie humaine est l'instrument monté
En parfaite accordance & parfaite santé,
Quand d'Un, Deux, Quatre et Huit la proportion double
S'y maintient justement, & ne se rompt, ny trouble: 452
Un à l'humeur terrestre, & Deux au flegme aqueux,
Quatre au feu colleric, dont l'homme est belliqueux,
Et Huit à l'air du sang, qui la bile regarde
En proportion double, & l'humeur noire & tarde   456
En octuple regard, la quadruple gardant
Au flegme qu'au tiers rang sous soy va regardant.
Ainsi nostre Santé s'entretient assouvie,
Et sonnent par accord les chordes de la vie.   460
· · ·
    Donq Chantres qui sçavez les divers tons choisir,
Et apres les travaux en repos & loisir   1316
Donnez contentement par modes[27] nompareilles,
Et pouvez satisfaire aux plus douces oreilles,
Si vous voulez mouvoir le courage aux combats,
Un plein ton Phrygien sonnez moy par compas: 1320
Si vous voulez que l'Ame en paix de là revienne,

Chantez soudain le ton en mode Dorienne;
Si rompre vous voulez des ennuis le lien
Et induire au sommeil, prenez l'Eolien: 1324
Si vous avez desir que l'Ame au vif s'aguise
Aux plus divins secrets, sonnez d'une autre guise
Le beau ton de Jasis: si chasser les soucis,
Sonnez du Lydien les fredons adoucis: 1328
Si vous voulez que l'Ame à pleindre soit tentee,
Celle mode sonnez par Saphon inventee,
La Myxolydienne: & si avez desir
Soudain d'egayer l'Ame, & luy donner plaisir, 1332
Autre chorde par vous à cest effect donnee
Soit à l'Iastienne esparse & fredonnee.
    Si l'Ame est harmonie, ainsi qu'ont dit les vieux,
Aux ennuis il ne doit à nul estre ennuyeux 1336
Que d'harmonieux son qui sur tout luy agree,
Par fois on la resveille, on l'unisse & recree:
S'elle est faite d'accords, d'accords la faut nourrir,
Et si elle mouroit, vive elle iroit mourir 1340
En sa source premiere, & en concorde unie
Elle iroit s'allier avecques l'harmonie:
Car le nom de la Mort est un nom vain du tout,
Et ce qu'on voit dissouldre, en cela se dissoult 1344
Dont il est composé: quand il faut qu'un corps meure,
Cela qui est terrestre, à la terre demeure,
L'eau à l'eau, l'air à l'air, le feu au feu se joint,
Et le celeste au Ciel: mais l'Ame qui n'est point 1348
Ny de terre, ny d'eau, d'air, de Ciel, ny de flame,
Ne se rejoint sinon en la nature d'Ame.
S'elle estoit harmonie, il faudroit par raison
Qu'elle s'allast rejoindre en harmonie réson: 1352
Mais son harmonie est tresdivine & tressainte,
Aussi des sons divins & saints elle est atteinte.
    Donq de motets divins & cantiques tressaints
Faites que ses accords dans le corps soient atteints, 1356
Et l'y entretenez par une nourriture
Qui de nature soit conforme à sa nature.
    Donques rien de charnel, rien d'impudic, ny rien
Qui sente tant soit peu son amour terrien, 1360
Rien de mol, rien de lasche, & rien au vice esclave,

Mais tout pur, tout constant, tout sonoreux & grave.
   Imitez imitez la Musique & le son
Du Jouëur[28] que laissa jadis en sa maison   1364
Agamemnon le Roy pres de sa Clytemnestre
Pour garder qu'en son cœur l'amour vain ne peust naistre.
Pendant qu'il entonna ses fredons en son cœur,
Egiste le paillard n'en fut jamais vainqueur: 1368
Mais si tost que de luy Egiste l'eut privee,
Elle sentit en soy une flamme avivee
La bruler dans les os, & luy ardre cruel
Les mouelles & le sang d'un feu continuel: 1372
L'amour de son mary qu'elle y avoit empreinte,
Quand le son fut esteint, fut aussi tost esteinte:
L'esprit impur ayant chassé le pur esprit
Apres un tiede feu un feu ardent s'esprit,   1376
Et d'une Royne chaste, & en mœurs accordee
Elle devint paillarde & putain desbordee.
   Donq Chantres, je vous pry les vrais tons apprenez,
Et vous Dames aussi exemple icy prenez: 1380
Ne permettez jamais que la constance forte
Cede à la volupté tout soudain vaine & morte:
Ne permettez jamais que les divins accens
Se laissent emporter par les chatouilleux sens,   1384
Ny que le Cheval noir[29] de l'Appetit qui broche,
Entreine la Raison, & le Chartier du Coche:
Ains permettez plustost qu'un son grave & rassis
Tienne l'Entendement en l'eschauguette[30] assis,   1388
De peur que l'ennemy cauteleux[31] & rebelle
De vostre Chasteté ne force la tour belle,
Et qu'il vous pille en fin par ses soldats tres-ords
Le thresor qui est cher entre tous les thresors.   1392
   Comme la fleur secrette és jardins clos prisee,
Inconnuë au bestail, & du soc non brisee,
Que flatent les doux vents, qu'affermit le Soleil,
Et que nourrit la pluye en son pourpre vermeil,   1396
Est cherie à l'envy par grand desir & zelle
De meint Damoiseau jeune, & jeune Damoiselle:
Mais si de l'ongle tendre on la tranche à l'uny,
Son pourpre se flestrit & devient tout terny: 1400
Lors plus ne la cherit d'aucun desir ny zelle

Nul jeune Damoiseau, ny jeune Damoiselle:
La Vierge est tout ainsi, tandis qu'entiere elle est,
Et que non corrompuë aux siens agree & plaist: 1404
Mais si le corps pollu elle a perdu en haste
L'honneur de sa beauté, & sa fleur pure & chaste,
Lors elle est mesprisee, & plus n'en a souci
Nul jeune Damoiseau ny Damoiselle aussi.   1408

THE POET AS MAGUS
His Vision and Interpretation of the Universe

33
GUY LEFÈVRE DE LA BODERIE
Sonnets[1]

Helas! que gaignez-vous d'accourcir vostre vie
Sur le livre collez & de jour & de nuit?
Las! vostre chandelier qui pour les autres luit,
Se consumant pour soy sent sa clarté ravie.   4
    Et puis pourquoy doit-on avoir si grand' envie
D'exercer un bel art qu'or tout le monde fuit,
De labourer un champ qui rien ne nous produit
Que langoureux ennuis, & à mort nous convie?   8
    Caterres & froideurs, goutes, & mal de dents,[2]
Seront vostre loyer, ô studieux ardents:
Voulez-vous donc mourir pour autruy faire vivre?
    Pour donner vie au nom des riches & des grans,   12
Et mettre bien souvent aux heroiques rans
Ceux-là qui ne sont pas bien dignes de vous suyvre?

    Tandis que vostre Lampe au pavillon du corps
Flambante reluira d'huile saint arrousee,
La nuict n'obscurcira la clarté disposee
Qui le Monde illumine & dedans & dehors.   4
    Tandis que la santé par bons & doux accords
Maintiendra l'Harmonie en vostre Luth posee,
Et soufflera dedans l'Esprit Archimusee[3]
Qui s'entonne és neuf Cieux, & dans les Anges forts: 8
    Il ne faut avoir peur en telle convenance
D'ouyr en l'Univers aucune dissonance
Si tous avecques vous se veulent bien ranger:
    Mais si l'huile defaut, & la lampe est esteinte,   12
Et si voz doux accords se tournent en compleinte,
Qui de mort & d'oubly nous pourra plus vanger?

Phébus des Chantres doux & des Poetes pere
Est pere encor de l'art qui donne la santé.
Celuy qui tient d'accord le Luth sur tous vanté
Fait qu'à l'Esprit le Corps d'accord luy obtempere.   4
    Ce Dieu qui vire & meut en la quatriesme Sfér[4]
L'Automne, & le Printemps, l'Hyver avec l'Esté
Au Tetrachorde unit du Temps non arresté,
En l'Homme Phlegme & Sang, noire humeur & cholere.   8
    La Lune des Enfans premiere à la conduite,
Mercure des Garsons, Venus des Damoyseaux,
Phébus des jeunes gents qui ont l'ame reduite
    En bon temperamment: Mars des hommes plus chauds,   12
Et Juppiter de ceux qui ja sont de meur age,
Mais Saturne préside à la vieillesse sage.[5]

    Par le Soleil divin vit le Phébus celeste,
Le celeste Phébus vous fait vivre cy bas,
Vous faictes vivre apres peuple & Rois par compas,
Les bons Roys apres eux font vivre tout le reste: 4
    Doncques gardez vous bien qu'ennuy ny mal moleste
Trop de veilles ny soin ne vous offensent pas,
Prenez quelque plaisir apres vostre repas,
Mais fuyez les plaisirs de Venus comme peste.   8
    Bien que Venus la doulce, en la doulceur de vie
Cy bas vous ait éclos, n'ayez pourtant envie
Pour trop la caresser, d'adoucir voz bons ans:
Car las! si vous mourez, j'ay peur qu'avec vous meure   12
Le sçavoir, la vertu, & qu'il ne nous demeure
Ny bons peuples, ny Roys, ny aucuns jours plaisans.

                                        L'VN GVIDE ORFEE.

34
PIERRE DE RONSARD
Hymne de l'Eternité

Remply d'un feu divin qui m'a l'ame eschauffée,[1]
Je veux mieux que jamais, suivant les pas d'Orphée[2]
Decouvrir[3] les secretz de Nature & des Cieux,
Recherchez d'un Esprit qui n'est poinct ocieux: 4

Je veux, s'il m'est possible, attaindre à la louange
De celle qui jamais pour les ans ne se change,
Mais bien qui faict changer les siecles & les temps,
Les moys, & les saisons & les jours inconstans,   8
Sans jamais se muer, pour n'estre poinct subjecte
Comme Royne & maistresse, à la loy qu'ell' a faicte.
L'œuvre est grand & fascheux, mais le desir que j'ay
D'attenter un grand faict, m'en convye à l'essay,   12
Puis je le veux donner à une qui merite,
Qu'avec l'Eternité sa gloire soit escrite.

Donne moy donc de grace, immense Eternité
Pouvoir de raconter ta grande deité,   16
Donne l'archet d'airain, & la lyre ferrée,
D'acier donne la corde, & la voix acérée,
Afin que ma chanson dure aussy longuement
Que tu dures au Ciel perpetuellement: 20
Toy la Royne des ans, des siecles, & de l'aage,
Qui as eu pour ton lot tout le Ciel en partage,
La premiere des Dieux, où bien loing du soucy,
Et de l'humain travail qui nous tourmente icy,   24
Par toy mesme contente, & par toy bien heureuse,
Sans rien faire tu vis en tous biens plantureuse.

Tout au plus hault du Ciel dans un throsne doré,[4]
Tu te siedz en l'abit d'un manteau coloré   28
De pourpre rayé d'or, duquel la borderie[5]
De tous costez s'esclatte en riche pierrerie.
Et là, tenant au poing un grand sceptre aimantin,[6]
Tu ordonnes tes loix au severe Destin,   32
Qu'il n'ose oultrepasser, & que luymesme engrave
Fermes au front du Ciel, ainsi qu'à toy esclave,
Faisant tourner soubz toy les neuf temples voultez,
Qui dedans & dehors cernent de tous costez,   36
Sans rien laisser ailleurs, tous les membres du monde,
Qui gist dessoubz tes piedz comme une boulle ronde.
A ton dextre costé la Jeunesse se tient,
Jeunesse au chef crespu, dont la tresse luy vient   40
Flottant jusqu'aux talons par ondes non tondue,
Qui luy frappe le doz en filz d'or estendue:
Cette Jeunesse ayant le teint de roses franc,
D'une boucle d'azur ceinte de sur le flanc,   44

Dans un vase doré te donne de la dextre
A boire du nectar, afin de te faire estre
Tousjours saine & disposte, & afin que ton front
Ne soit jamais ridé comme les nostres sont.   48
De l'autre main senestre, avec grande rudesse
Repoulse l'estomac de la triste Vieillesse,
Et la chasse du Ciel à coups de poing, afin
Que le Ciel ne vieillisse, & qu'il ne prenne fin.   52
A ton aultre costé la Puissance eternelle
Se tient debout plantée, armée à la mammelle
D'un corselet gravé qui luy couvre le sein,
Branlant de nuict & jour une espée en la main,   56
Pour tenir en seureté les bordz de ton empire,
Ton regne & ta richesse, afin qu'elle n'empire
Par la fuitte des ans, & pour donner la mort
A quiconque vouldroit favoriser Discord,   60
Discord ton ennemy, qui ses forces assemble
Pour faire mutiner les Elementz ensemble
A la perte du Monde, & de ton doulx repos,
Et vouldroit, s'il pouvoit, rengendrer le cahos.   64
Mais tout incontinent que cet ennemy brasse
Trahison contre toy, la Vertu le menasse,
Et l'envoye la bas aux abysmes d'Enfer,
Garroté piedz & mains de cent liens de fer.   68
   Bien loing derriere toy, mais bien loing par derriere,
Le Nature te suit, Nature bonne mere,
D'un baston appuyée, à qui mesmes les Dieux
Font honneur du genoil quand elle vient aux Cieux.   72
   Saturne[7] apres la suict, le vieillard venerable,
Marchant tardivement, dont la main honorable
Bien que vieille & ridée, eleve une grand faulx
Où les heures vont d'ordre à grandz pas tous egaulx,   76
Et l'An qui tant de fois tourne passe & repasse,
Glissant d'un pied certain par une mesme trace.
   O grande Eternité merveilleux sont tes faictz!
Tu nourris l'univers en eternelle paix,   80
D'un lien aimantin les siecles tu attaches,
Et dessoubz ton grand sein tout ce monde tu caches,
Luy donnant vie & force, aultrement il n'auroit
Membres, ame, ne vie, & confuz periroit: 84

Mais ta vive vertu le conserve en son estre
Tousjours entier & sain sans amoindrir ne croistre.
    Tu n'as pas les humains favorisez ainsy,
Que tu as heritez[8] de peine & de soucy,   88
De vieillesse & de mort, qui est leur vray partage,
Faisant bien peu de cas de tout nostre lignage,
Qui ne peult conserver sa generation
Sinon par le succés de reparation,[9]   92
A laquelle Venus incite la Nature
Par plaisir mutuel de chaque creature
A garder son espece, & tousjours restaurer
Sa race qui ne peut eternelle durer: 96
Mais toy sans restaurer ton estre & ton essence,
Vivant tu te soustiens de ta propre puissance,
Sans rien craindre la Mort, car le cruel trespas
Ne regne point au Ciel comm' il regne icy bas,   100
Le lieu de son empire, où maling il exerce
Par mille estranges mortz sa malice diverse,
N'ayant non plus d'esgard aux Princes qu'aux Bouviers,
Pesle mesle egallant les sceptres aux leviers.[10]   104
    La grand trouppe des Dieux qui la hault environne
Tes flancz, comme une belle & plaisante couronne,
Quand elle parle à toy ne dict point il sera,
Il fut, ou telle chose ou telle se fera,   108
C'est à faire aux humains à dire telle chose:
Sans plus le temps present devant toy se repose
Et se sied à tes piedz: car tout le temps passé
Et celluy qui n'est pas encores advancé   112
Sont presens à ton œil, qui d'un seul clin regarde
Le passé, le present, & cestuy là qui tarde
A venir quant à nous, & non pas quant à toy,
Ny à ton œil qui voit tous les temps davant soy.   116
    Nous aultres journalliers,[11] nous perdons la memoire
Des temps qui sont passez, & si ne pouvons croire
Ceux qui sont à venir, comme estans imperfaictz,
Et d'une masse brute inutilement faictz,   120
Aveuglez & perclus[12] de la saincte lumiere,
Que le peché perdit en nostre premier pere:
Mais ferme tu retiens dedans ton souvenir
Tout ce qui est passé, & ce qui doibt venir,   124

Comme haulte Deesse eternelle, & perfaicte,
Et non ainsy que nous de masse impure faicte.
  Tu es toute dans toy, ta partie, & ton tout,
Sans nul commencement, sans meillieu, ne sans bout,   128
Invincible, immuable, entiere, & toute ronde,
N'ayant partie en toy, qui dans toy ne responde,
Toute commencement, toute fin, tout meillieu
Sans tenir aucun lieu, de toutes choses lieu,   132
Qui fais ta deité du tout par tout estandre,
Qu'on imagine bien, & qu'on ne peult comprendre.
  Je te salu' Deesse au grand œil tout-voyant,
Mere du grand Olympe au grand tour flamboyant,   136
Grande mere des Dieux, grande Royne & Princesse:
(Si je l'ay merité) concede moy Deesse,
Concede moy ce don, c'est qu'apres mon trespas
(Ayant laissé pourrir ma depouille çà bas)   140
Je puisse voyr au ciel la belle Margarite,
Pour qui j'ay ta louange en cet hymne descrite.

35
PIERRE DE RONSARD
Elegie au Seigneur l'Huillier

Mon l'Huillier,[1] tous les ars qu'on apprend en jeunesse
Servent à l'artizan jusques à la vieillesse,
Et jamais le mestier auquel on est expert,
Abandonnant l'ouvrier, par l'age ne se pert: 4
Bien que le Philosophe ayt la teste chenue,
Son esprit toutesfois se pousse outre la nue,
Et tant plus sa prison est caducque,[2] & tant mieux
Soymesme se desrobe, & vole dans les cieux: 8
L'Orateur qui le peuple attire par l'oreille,
Celuy qui disputant la verité resveille,
Et le vieil medecin plus il marche en avant,
Plus il a de praticque & plus il est scavant.   12
  Mais le bien n'advient pas à nostre poesie,
Qui ne se void jamais d'une fureur saisie
Qu'au temps de la jeunesse, & n'a poinct de vigueur

Sy le sang jeune & chault n'escume en nostre cueur: 16
Lequel en bouillonnant, agitte la pensee
Par diverses fureurs brusquement eslancee:
Et pousse nostre esprit ore bas ore hault,
Selon que nostre sang est genereux & chault   20
Qui s'enfle dedans nous, nous trouvant d'avanture
Au mestier d'Apollon preparez de nature,
Comme on void en septembre, ez tonneaux Angevins,[3]
Bouillir en escumant la jeunesse des vins   24
Laquelle en son berceau[4] à toute force gronde,
Et vouldroit tout d'un coup sortir hors de sa bonde,
Ardente, impatiente, & n'a point de repos
De s'enfler, d'escumer, de jaillir à gros flotz,   28
Tant que le froid yver luy ayt donté sa force,
Rembarrant sa puissance es prisons d'une escorce,
Ainsi la poesie en la jeune saison
Bouillonne dans noz cœurs, peu subjecte à raison,   32
Serve de l'appetit, qui hautement anime
D'un poete gaillard la fureur magnanime:
Il devient amoureux, il suyt les grandz seigneurs,
Il ayme les faveurs, il cerche les honneurs,   36
Et, plain de passions, jamais il ne repose
Que de nuict & de jour ardant il ne compose:
Soupçonneux, furieux, superbe & desdaigneux,
Et de luy seulement curieux & songneux,   40
Se faignant quelque Dieu: tant la rage felonne
De son Jeune desir son courage esguillonne.
    Mais quand trente cinq ans ou quarante ont perdu
Le sang chault qui estoit dans nos cœurs espandu,   44
Et que les cheveux blancs de peu à peu s'avancent,
Et que nos genoux froids à tremblotter commencent,
Et que le front se ride en diverses façons,
Lors la muse s'enfuit & nos belles chansons,   48
Pegaze[5] se tarist, & n'y a plus de trasse
Qui nous puisse conduire au sommet de Parnasse,
Noz lauriers sont sechez & le train de noz vers
Se represente à nous boyteux & de travers,   52
Tousjours quelque malheur en marchant les retarde,
Et comme par despit la muse les regarde.
Car l'ame leur default, la force & la grandeur,

Que produisoit le sang en sa premiere ardeur.   56
Et pource, si quelcun desire estre poete,
Il fault que sans vieillir estre jeune il souhaite,
Gaillard, brusque, amoureux: car depuis que le temps
Aura dessus sa teste amassé quarante ans,   60
Ainsi qu'un rossignol aura la bouche close,
Qui pres de ses petitz sans chanter se repose.
Au rossignol muet tout semblable je suis
Qui maintenant un vers degoizer je ne puis,   64
Et falloit que des Rois la courtoise largesse
(Allors que tout mon cœur bouillonnoit de jeunesse)
Par un riche bien faict invitast mes escritz,
Sans me laisser vieillir sans honneur & sans pris.   68
Mais Dieu ne l'a voulu ne la dure fortune
Qui les poltrons esleve & les bons importune.
Entre tous les François j'ay seul le plus escrit
Et la muse jamais en un cœur ne se prit   72
Si ardant que le mien, pour celebrer les gestes
De noz Rois, que j'ay mis au nombre des celestes:
Et nul n'est aujourdhuy en France grand Seigneur
Dont je n'aye chanté & rechanté l'honneur.   76
Et si de mes labeurs qui honorent la France,
Je ne remporte rien qu'un rien pour recompense.
Il me fache de veoir ore que je suis vieulx,
Un lourd Prothenotaire, un muguet[6] envieux,   80
Un plaisant courtizeur, un ravaudeur d'histoire,
Un qui pour se vanter nous veult forcer de croyre
Que c'est un Ciceron: advancez devant moy
Qui puys de tous costez semer l'honneur d'un Roy.   84
Il faudroit qu'on gardast les vacquans benefices
A ceux qui font aux Rois & aux princes services
Et non pas les donner aux hommes incongneuz
Qui, comme potirons,[7] à la court sont venuz   88
Vieux Corbeaux affamez, qui faucement heritent
Des biens & des honneurs que les autres meritent.
Jay practicqué l'advis (comme un bon artizan)
De meint seigneur & prince & de meint courtizan,   92
Et n'en ay point trouvé qui ait l'ame si plaine
D'excellentes vertus, qu'un Charles de Lorreine[8]
Doux, courtoys, & bening, le Mœcene & l'appuy

Des muses, & de ceux qui s'approchent de luy.   96
Sy est ce toutesfois que sa prudence haulte
Commect sans y penser une moyenne faulte,
C'est de n'advancer poinct (encor qu'ilz soyent absens)
Ceux qui par leurs escris il a tousjours presens,   100
Et chasser loing de luy ces ventreuses harpies,
Qui n'ont jamais des biens les mains croches remplies,
Et le donner à ceux qui le meritent bien:
Car le bien mal party[9] ne profite de rien,   104
Et fait perdre courage aux hommes qui s'offenssent
Que leurs doctes labeurs si tard se recompensent.
    Je scay bien, mon L'huillier gaillard & genereux,
Que, sy ces vers traictoyent un subject amoureux,   108
Tu les liroys en court, & ta parolle brave
Feroit ce mien labeur apparoistre plus grave.
Les Roynes[10] le verroyent, & ce grand Cardinal
Qui en toute vertu ne trouve son egal: 112
Mais pource que mes vers traictent de mon affaire,
Il semble que desja muet je te voy taire,
Et sans avoir de moy ny de mes muses soing,
Les lire en te cachant à part dedans un coing,   116
Ou rompre la coppye, ou les cacher derriere,
De peur qu'il ne soyt mis de fortune en lumiere:
Toutesfois, mon L'huillier, à qui Phoebuz depart
De ses nobles presens la plus gentile part,   120
Et qui as la poictrine entierement enflee
De cette Deité que Phoebuz t'a souflee,
Je te prye & suply, par l'honneur de tes vers,
Par ton luc, par tes chants, & par tes lauriers vers,   124
Que Robertet[11] Le docte, en son estude, voye
Ce mal plaisant escrit, que faché, je t'envoye.

36
GUY LEFÈVRE DE LA BODERIE
Galliade, Cercle III

    Par sept[1] moyens du corps peut estre l'Ame abstraite,   1053
Et recevoir en soy la lumiere secrete

Qui decoule & descend des sept Temples luisants,
Ou bien des sept miroirs le nostre conduisants.   1056
Le premier est alors que les ailes du Somme
S'en viennent bavoler dessus les yeux de l'homme,
Lors que les membres las estans bien reposez,
D'une eau douce ont esté doucement arrosez.   1060
Adoncq' l'Ame qui point aux humeurs ne se plonge,
Vague en sa region, & discourt par le songe,
Songe aux hommes mortels grand Profete & leger,
Des choses à venir souvent vray messager,   1064
Qui du Temple premier ouvrant l'estroicte porte,
Des hautes Deitez les sentences apporte,
Et dans l'Ame venant doucement se lancer
Excite incontinent le prompt & pur penser,   1068
Et ce qui est futur, muet à la muete
En silence predit d'une bouche profete:
A celle Ame je dy, dont le penser ravy
A le Dieu simple & pur en pureté servy: 1072
Et de haute influence elle est plus illustree,
Quand d'un manteau vermeil l'Aurore est accoustree.
    Car lors l'Esprit ombreux avec l'ombre s'enfuit,
Et le jour sur-mondain avecques Phebus luit,   1076
Phebus duquel le ray dedans l'Ame insinue
Du Soleil des Esprits la clarté simple & nue.

. . .

    Le tiers degré se fait d'humeur melancolique[2]   1137
Qui l'Ame en soy retire, & lors elle s'applique
Du tout à mediter, non moins coye[3] en veillant
Que si d'un doux dormir elle alloit sommeillant.   1140
    Ainsi que l'instrument duquel à son maneuvre
Se sert le Charpentier, le Maçon, ou l'Orfèvre,
Un propre mouvement ne doit avoir de soy,
Ains[4] ensuyvre la main qui luy donne la loy: 1144
Autrement si la main mouvant du costé dextre,
L'instrument resistant tournoit à la senestre,
En son art l'Artisan se sentiroit grevé,
Et l'ouvrage jamais ne seroit achevé: 1148
Ainsi l'Esprit, duquel la providence ouvriere
Veut user d'instrument, & comme de verriere
Pour ses rais y darder, & ses secrets propos,

Doit estre recueilly en son centre & repos.   1152
  Et ainsi que de fer une lame imprimee,
Brusle plus ardamment, lors qu'elle est enflammee,
Qu'un corps rare & douillet, qui ne peut pas darder
Le feu qu'il a conceu, ny long temps le garder: 1156
Ainsi si l'homme froid sent eschaufer son Ame
D'un feu aethereen, d'une divine flame,
Beaucoup plus vivement il en devient atteint,
Et d'un long temps ce feu dedans luy ne s'esteint.   1160
Alors son bon Demon qui au troisiesme Temple
Ce qui doit avenir, au grand miroir contemple,
Par une porte sort, & se laisse caler
Sur les ailes du vent, & s'en vient devaler   1164
Droict à l'oreille dextre, & d'un tintin qui sonne
Ou d'une gresle voix, dedans l'oreille entonne
Les nouvelles d'enhaut, que seul il fait ouyr
A son melancholiq', afin de l'esjouyr.   1168
Si on mesdit de luy, la nouvelle il apporte
Dedans l'oreille gauche, & si d'une autre sorte
On en parle en honneur, à la dextre il revient,
Et tousjours de garder son homme luy souvient: 1172
S'il luy doit avenir heur ou malheur insigne,
Tousjours il luy en donne avant le coup le signe:
Il ne conseille rien, rien entreprendre fait,
Mais destourne sans plus un malheureux effect.   1176
En ce poinct maintesfois par son meilleur Genie
Socrate advertissoit ceux de sa compaignie,
Et qui à son conseil ne se vouloit ranger,
Se voyoit tout soudain choir en un grand danger.   1180
. . .
  Le cinquiesme se fait, quand l'homme en soy content
Solitaire & pensif tout son esprit estend,   1196
Et jour & nuict employe & le temps & l'estude
A remirer de Dieu l'ouvrage en solitude:
Car par ce qu'il n'est point des affaires distrait,
Son esprit eslevé est quelquefois abstrait   1200
Du corps son compagnon, si que l'Ame eslancee
S'allie & se conjoint la supreme Pensee:
Car telle Ame tousjours suit la trace & subject
Par les causes errant, du plus hautain object.   1204

Comme l'Ingenieux lequel dresse une mine
Pour renverser un Fort, une Tour ou Machine,
Dessous la terre met, tout seul sans compagnon,
Une trainee en long de la poudre à canon,   1208
Puis y boute le feu, qui d'une longue traite
Suit son train enflammé, tant que la flamme abstraite
Trouvant un souspirail, heurte, & face trembler
Les fondemens du lieu, & se vienne assembler   1212
Avecqu' l'air de dehors, où sa force est ouye,
Et où son nom ell' perd dedans esvanouye:
  Ainsi l'Ame espuree en un corps alteré,
En meditant s'allume au sentier aetheré,   1216
Et flamboyant tousjours comme de flamme perse
Furete, & songe creux, tant que penetre & perce
Hors la voute du monde, & sans se faire ouyr
Dedans l'air des Esprits se vient esvanouyr.   1220
  Lors ils chantent entr'eux en douce melodie
Du Pacifique Roy les vers & psalmodie,
Par merveille disant en leur langage ouvert,
Et qui est ceste-cy qui monte du desert   1224
Ainsi comme sions⁵ ou palmes, de fumée
De myrrhe, & d'encens blanc estant bien parfumée?
Là pour un temps estant hors de temps & de lieu
Elle voit les secrets & merveilles de Dieu,   1228
Non pas de Jupiter dedans le feint Diphtere,
Mais en ravissement, & sejour solitaire
Dans le cinquiesme temple, & s'enyvre à foison
Du Nectar qui sourgeonne en la saincte maison.   1232
  En ce poinct Zoroastre⁶ és deserts de la Perse
Pour nourrir ses pensers seul avec soy converse,
Là où comprendre il peut tout Art de deviner,
Que depuis par escrits il voulut enseigner.   1236
En ce poinct és deserts de Thrace mon Orfée⁷
Solitaire & secret eut son ame eschaufée
De la divine ardeur, qui luy faisoit suivir
Ceste flamme d'enhaut qui le venoit ravir.   1240
  Solitaire en ce poinct en la Grote secrete
Se tint sept fois dix ans le grand Pasteur de Crete
Le sainct Epimenide⁸ au monde sommeillant,
Et aux Divinitez en ecstase veillant.   1244

Et en ce poinct encor nos bons peres Druydes
Loing de peuple & de bruit, sous les ombres humides
Des forests & taillis, ou és Antres obscurs
Concevoient tous ravis les accidents futurs   1248
Vingt ans seuls & celez, fors aux grands personnages
Ausquels ils reveloient quelquefois des presages.
   Mais par estonnement & admiration
Au sixiesme degré hors d'humaine action   1252
L'Ame sent s'eslever abstraite en tout silence,
Et du sixiesme temple ell' hume l'influence.
Telle a esté jadis la divine fureur
Des Sybilles conceuë avec devote horreur: 1256
Et telle la sentoit la Prestresse vouée
Au Trepié d'Apollon, dont la voix enrouée
Restoit close au gosier, le poil luy herissoit,
Et sous un vent coulis[9] la chair luy fremissoit.   1260
   Car tout incontinent qu'elles entroient au ventre
Du Temple tenebreux caché dedans un Antre,
Elles entroient aussi par l'horreur de ce lieu
En telle reverence, & en creinte d'un Dieu,   1264
Que leur sens, leur raison, discours & fantaisie
Restoit toute esperduë, & de frayeur saisie
Sans agir ny mouvoir, & la pensee alors
Par merveille eslevee, & abstraite du corps,   1268
Et aux Divinitez seulement exposee,
Les mouvements d'enhaut recevoit reposee:
Fust qu'un Ange ou Demon par esbahissement
Soudain les transportast en ce ravissement,   1272
Ou qu'un Esprit sortant de la bouche de l'Antre,
Par la bouche humé leur entrast dans le ventre
Et leur enflast le cœur, ou bien qu'avec la peur,
D'une fontaine claire ils beussent la vapeur,   1276
Comme au sourgeon bouillant d'eau Colofonienne,[10]
Ou en l'Antre exhalant vapeur Trofonienne,
Ou à l'eau de Brancis,[11] dont ils alloient tirant
Un limfatique esprit du nez en respirant.   1280
   De ce degré venoit aux neuf Vierges apprises,
Aux Gallicenes Seurs du Dieu Gaulois surprises
Le don de Profetie, & l'illuminaison
D'annoncer le futur sans discours de raison.   1284

De ce degré venoit ceste ardeur excitee
Dont la femme Druyde estoit lors agitee
Qu'elle profetisoit à Diocletien[12]
Que l'Empire Rommain à l'heure seroit sien   1288
Quand il auroit occis un Sanglier de sa dextre:
Et comme elle avoit dit, ainsi on le vit estre.
Car peu de temps apres il tua de sa main
Le Maire & Gouverneur du Pretoire Rommain,   1292
Qu'on nommoit le Sanglier, de faict & nom robuste,
Dont il fut salué & Cesar, & Auguste.

. . .

  Mais ceste abstraction de toutes la plus ample
Du septiesme degré, ou du septiesme Temple,
Arrive à celuy seul, dont l'esprit, corps, & cœur,   1320
Chassant tout salle object, toute envie & rancœur,
En chaste charité, par grace, & sans merites
Est fait Temple divin des divines Charites:
Et non point pour un temps, ainçois presque tousjours   1324
Il est ravy du feu de l'Amour des amours,
Lequel premierement bat & frappe à sa porte,
Ouverte entre dedans, entré s'y tient, de sorte
Que son hoste & hostel il visite sans fin,   1328
Le paissant d'Ambrosie & de Nectar divin.
  Adonq l'Ame espousee à chanter s'appareille
Ces vers à son Espoux, Je dors, & mon cœur veille,[13]
La voix de mon Amy j'oy frapper à mon cœur,   1332
Qui me dict sans parler, Ouvre moy l'huis ma seur,
M'amie, ma Colombe, & parfaicte Espousee:
Car mon chef est tout plein de celeste rousee,
Et mes cheveux crespez des gouttes de la nuit.   1336
  Puis sentant dedans soy un nouveau feu qui luit,
Commence à rechanter à l'Espoux l'Espousee:
Amour, ta rousee est des lumieres rousee:
J'avoy ja despouillé pour te baiser (mon Chef)   1340
La cotte de mon corps, & comment derechef
La pourray je vestir? nets de concupiscence
J'avoy lavé mes pieds: & comment par offence
Les souilleray je encor? par le trou de mon sein   1344
Mon Amy a laissé couler sa blanche main,
Et par luy j'ay senty de pure & saincte flame

Mes entrailles mouvoir, & s'embraser mon ame
En ecstase profonde: & revenant d'enhaut   1348
Je me suis esveillee, & levee en sursaut,
Afin qu'à mon Amy j'ouvrisse l'huis ou poincte
Du cœur pyramidal, où sa vie est conjoincte:
Et mes mains & mes doigts de myrrhe ont distillé,   1352
Qui passoit sur les gonds du verroul bien sellé.
　　J'ay donq à mon Amy ouvert mon petit centre,
Et mon Amy entré a tourné en mon ventre,
Et passé par dedans: lors qu'il parloit à moy,   1356
Mon ame tout soudain sortoit dehors de soy:
Puis me laissant un peu pour me donner l'amorce
De ce baiser sacré, je l'ay cherché à force,
Et ne l'ay point trouvé: de mon cœur esperdu   1360
Je l'ay bien appellé, & ne m'a respondu.
Les gardes qui faisoient & le guet & la ronde
Sur la saincte Cité hors les faubourgs du monde,
Seulette me trouvant sans mon Amy aimé,   1364
M'ont battue & blessee, & mon voile estimé
Qui m'ombrageoit, ainsi qu'une tente de mailles,
De dessus moy ont prins les gardes des murailles.

37
GUY LEFÈVRE DE LA BODERIE
Hymnes ecclésiastiques

Chant Royal. Sur la tressainte & pure Conception de la Vierge
Marie mere de Dieu. Argumentum ex libro Zoharis sive Splen-
doris . . .[1]

A Madame de Saint Luc Sœur de Monsieur le Comte de Brissac.

Lun chantera d'une voix non obscure
La gente Abeille, et son art merveilleux,
Ses mœurs, ses loix, sa providence, et cure
Sa cire Vierge, et son nectar mielleux: 4
L'autre dira du fourmy la pratique,
Son bon menage, et son grenier publique:
Quelque autre encor' retistra dans ses vers

Les fils d'Araigne en ronds cercles ouvers,⠀⠀⠀⠀⠀⠀8
Mais moy je veux faire voler au monde
Du ver à soye éclos en œufs couvers
Le Papillon qui fait sa Tente ronde.

Ce ver divin né de semence pure⠀⠀⠀⠀⠀⠀12
Au tour de soy son Pavillon ombreux
File et ourdit, de la blanche teinture
D'une toyson pleine de fils nombreux,
De plus dougee[2] et subtile fabrique⠀⠀⠀⠀⠀⠀16
Que n'est la ligne en la Mathematique
Ligne spirale en ses replis divers,
Plus riche encor' que celle des bois verds
Que vont cardant les Seres,[3] peuple monde,⠀⠀⠀⠀⠀⠀20
Où les Estez, se cache, et les Yvers
Le Papillon qui fait sa Tente ronde.

Il va tramant sa toison et closture
Sur le Modelle, et pourtrait precieux,⠀⠀⠀⠀⠀⠀24
Sur qui jadis l'Esprit de la Nature
Alla formant la Tente des dix Cieux[4]
Epanouis depuis le point centrique
L'un dedans l'autre en un comble Sférique⠀⠀⠀⠀⠀⠀28
Où est infus l'Esprit de l'univers,
Qui fait lever sur les bons et pervers
Son beau Soleil à la perruque blonde,
Qui naistre fait des œufs du ver des vers⠀⠀⠀⠀⠀⠀32
Le Papillon qui fait sa tente ronde.

Le grand Hebrieu,[5] qui trouva l'ouverture
De l'Archetype, où il vid radieux
Dix Sephiroth,[6] qui font la couverture⠀⠀⠀⠀⠀⠀36
Du Tabernacle où est le Dieu des Dieux,
Feist le dessein du Tabernacle antique
En imitant le Papillon mystique
Quand sur le mont luy furent découvers⠀⠀⠀⠀⠀⠀40
Les grands secrets qu'il raconte aux Desers,
Où la splendeur est tellement féconde,
Qu'œil n'y peut voir souz les nuages pers
Le Papillon qui fait sa Tente ronde.⠀⠀⠀⠀⠀⠀44

L'unique Ouvrier qui feist l'Architecture
Du Pavillon du triple monde creux[7]
Du ver d'Adam premiere creature
Qui a tué tous ses Filz et neveux,   48
A suscité le Papillon unique,
Et de David Royal chantre Lyrique
A redressé entre les hommes serfs
Le Tabernacle estant cheut à l'envers,   52
Qui dans le cœur de la Vierge se fonde:
Où l'Esprit saint meut aux veines et nerfs
Le Papillon qui fait sa Tente ronde.

Envoy.
Prince du Puy, sur la terre et les mers   56
Jusqu'où Phebus a ses bornes et mercs
Faites que Seine entonne sur son onde
Mieux que Cypris mere aux amours amers
Le Papillon qui fait sa Tente ronde.   60

Autre Chant Royal.[8] Argumentum. Ex Claudiano poëta Romano.
"Jupiter in parvo cùm cerneret aethera vitro . . ."
. . . Hoc etiam confirmat Cicero lib.2. de Natura Deorum, nequis
putet figmentum Poëticum esse.

*A Monsieur Dabeins de la Roche posé: Ambassadeur pour le Roy Tres-
Chrestien à Rome.*

Ne les Trepieds des Brachmanes antiques[9]
De soy mouvans en un Rond ordonné,
Ni le Pigeon par loix Geometriques
Du Tarentim à voler façonné,   4
Ni de Memnon[10] la statue admirable
Sonnant aux raiz du Soleil desirable:
Ni char, ni Nef, que Myrmecide[11] ouvroit
D'yvoire blanc, qu'une mouche couvroit,   8
Ni ceste noix qui l'Iliade[12] enserre
N'egallent point, qui veut juger de droit
L'œuvre parfait de la Sfére de verre.

Là voyoid-on cinq flambeaux erratiques[13]   12
D'ordre courir chacun son Ciel tourné,
Là le Soleil filant les jours obliques
Viroit dessouz le Zodiaque orné:
Sa sœur Phébé errante et variable   16
Renouveloit sa face trop muable:
Et là le Ciel huitiesme[14] on remiroit
Tout parsemé d'Estoilles, qui viroit
A l'environ du Globe de la terre   20
Par un Esprit infus, lequel tiroit
L'œuvre parfait de la Sfére de verre.

Un Archiméde aux arts Mathematiques
Heureusement sur tout autre addonné   24
Quoy qu'il ayt fait meintes belles fabriques
Qui ont rendu tout Ouvrier estonné
Comme la Nef d'artifice incroyable
Qui n'estoit moins qu'un grand Chasteau, capable,   28
Et les engins desquels sus il couroit
A Marc Marcel[15] qui sa ville entouroit,
Ne feist onc rien au compas et l'équerre[16]
Plus accomply que ce beau monde estroit   32
L'œuvre parfait de la Sfére de verre.

Ainsi qu'on void les Cieux grands et sfériques
Au demy-rond de nostre œil contourné,
Ainsi l'Esprit des Sféres organiques   36
S'estoit dedans ce rond Crystal borné
Qui devuydoit d'un art non imitable
Huit mouvemens au tour du Centre stable:
Le Roy Sabor qui le sien modéroit   40
Dedans enclos, quand foul il esperoit
Nature atteindre, ou luy faire la guerre
N'atteignit onc l'Ame qui temperoit
L'œuvre parfait de la Sfére de verre.   44

Le Troisfois grand,[17] qui les Temples et Cirques
De l'Univers meut d'un cours randonné,
Est l'Archiméde expert aux Mechaniques
Qui a transmis, clos, et environné   48

Son Esprit saint dedans l'incomparable
Corps Crystalin de la Vierge amiable:
Tout ce qui est, qui fut, et orendroit
Ce qui sera en si petit endroit   52
Fut recueilly, comme en l'Aneau la pierre:
Qui est-ce donc qui loüer ne voudroit
L'œuvre parfait de la Sfére de verre?

Envoy.
Prince du Puy, ainsi qu'on dit et croid   56
Un petit-Monde est l'Homme où tout se void,
Mais l'œil du jour qui dans le grand Monde erre
N'a jamais veu qu'une Vierge qui soit
L'œuvre parfait de la Sfére de verre.   60

Chant Royal 6. Argumentum. Ex Plutarcho in vita Numae
Pompilii, & ex 6. Fast. Ovid.[18]

A Religieuse Dame Madame Antoinette de Balsa Abbesse de Malenoüe.

Tout ce qu'on void de Lampes en ce monde
De lamperons, chandelles, et flambeaux
Sont allumez de feu grossier immonde
Quoy que la nuit ilz apparoissent beaux,   4
Feu qui s'esteint, et qui goulu desire
Se paistre d'huile, ou de suif, ou de cire:
Mais le feu pur que le Crystal luisant
Conçoit du Ciel de Phebus conduisant   8
Sa Lampe claire en nul temps consumée,
Est le seul feu qui ard, sur tous plaisant
La Lampe Vierge au Soleil allumée.

Ce feu tressaint de recherche profonde   12
Ne se fait point d'artifices nouveaux
D'une Medée, ou d'une Circé blonde
Pour en brusler les Palais ou Chasteaux,
Au souffre ou poix[19] il ne prend, ni n'aspire,   16
Ni au limon qu'en la Judee on tire
De l'Asfaltite en sa bourbe cuisant,

Ni à la Naphte, ou au feu Grec nuisant,
Et ne reçoit ni cendre, ni fumée,   20
Ains luit tousjours sans aller épuisant
La Lampe Vierge au Soleil allumée.

En un Miroir cavé tout à la ronde
Le Soleil rond dardant ses raiz gemeaux   24
Tout allentour dedans le Centre fonde,
Et donne vie au feu maistre des eaux
Qui tousjours dure, et qui jamais n'empire,
Non plus que fait en son celeste Empire   28
Le Roy du Ciel, qui va la nuit brisant:
Et le saint Chœur des vierges biendisant
Garde à jamais en son Temple enflammée
Pure en pur lieu maugré tout mesdisant   32
La Lampe Vierge au Soleil allumée.

L'antique Gent[20] que le gras Nil innonde
Qui designoit les ans par les aneaux
Des Serpens torts, en Crystal plus pur qu'onde   36
Tenoit enclos dessouz cachets loyaux
L'Etheré feu, pour du haut Ciel Empyre
Figurer Dieu qui au feu se remire,
Et qui vouloit qu'à son autel duisant   40
Du feu sacré on allast elisant
De flamme vive, et non point comprimée
Tel qu'est celuy pour qui je vay prisant
La Lampe Vierge au Soleil allumée.   44

Le Grec vanteur qui en mensonge abonde
Feint Promethée autheur de plusieurs maux
Pour avoir prins du Soleil pur et monde
Le feu qui luit au Roy des animaux: 48
Mais L'Ouvrier saint qui vire et qui revire
L'arche du Ciel, et la sainte Navire
De son Eglise, est celuy qui faisant
L'homme d'argille, alla dans luy posant   52
Le ray divin de sa flamme estimée,
Et qui fut seul de sa main composant
La Lampe Vierge au Soleil allumée.

Envoy.

Prince le feu et tout l'huile arrousant   56
La meche pure au flambeau reposant,
Est l'Esprit saint, et sa lumiere aymée:
Mais Marie est envers Dieu disposant
La Lampe Vierge au Soleil allumée.   60

Hymne Circulaire de la mesme Conception. Ex Dioscoride. lib 5.
(*In Judaea sola Lapis nascitur Judaicus dictus, qui candidus est, figura
glandis, lineis distinctus inter se aequalibus, velut torno factis.*[21]

A Madamoyselle Camille de Morel Parisienne.

La Perle Juive en nature parfaicte
Qui decora tout le rond de l'Aneau,
D'Orfevre humain ne fut pas contrefaicte,
Mais des haultz Cieux vint son lustre nouveau.   4
    Et sa blancheur jamais ne fut de l'eau
D'Erebe noir aucunement couverte,
Ains tout luysant eut tousjours son flambeau
La Perle Juive en nature parfaicte.   8
    Comme au Tournoir[22] mainte belle marquette
Y entailla l'Olympien cyseau,
Par le compas d'une main tresexperte
Qui decora tout le rond de l'Aneau: 12
    Si que le Dieu du Daphnien rameau[23]
Pour s'y mirer descend en sa charette,
Congnoissant bien que la pierre et joyau
D'Orfevre humain ne fut pas contrefaicte.   16
    Et tant luy pleut ceste rare Perlette
Qu'il y mira neuf mois entiers sa peau,
Or pour s'y voir, non de la mer infette,
Mais des hautz Cieux vint son lustre nouveau.   20
    Nymphe, j'entens en ce parfaict rondeau,
Par ce joyau la Vierge toute nette,
L'Aneau le monde, et dessouz un bandeau
Le Filz de Dieu à mirer se delecte   24
La Perle Juive en nature parfaicte.

38

MARSILE FICIN

De la vie des studieux

Par quelle raison les hommes lettrez peuvent connoistre leur naturel, &
ensuyvre la façon de vivre conforme à leur esprit. CHAP. 24

Et d'autant que je parle aux hommes studieux des lettres, je desire
que chacun qui est éprins de l'amour des lettres, se resouvienne
que sur tout il est Mercurial,[1] & en outre Solaire, en tant que
Mercure est Solaire. Et est à tous ceux-cy la condition commune.
Mais outre le naturel Mercurial que chacun qui excelle en grace
de bien parler, en beauté & proprieté, en dignité & elegance
reconnoisse en soy Apollon & Venus. Celuy qui est plus enclin
aux loix, ou à la Philosofie naturelle & commune, qu'il n'ignore
point qu'il a Juppiter pour patron. Mais celuy qui est éguillonné
à sonder & rechercher plus curieusement toutes les choses plus
secretes, qu'il sçache qu'il n'est pas seulement Mercurial, mais
aussi Saturnien. Sous la principauté duquel sont mesmes tous
ceux qui sont jusques à la fin soigneux & diligents en tout estude,
& principalement negligens aux affaires d'icy bas. Brevement, si
ce que disent aucuns tant Physiciens qu'Astronomes est veritable,
que l'Ame douée d'intelligence descend en la conception humaine,
au mois du Soleil qui est le quatriéme, ceux qui vivent principalement d'intelligence dés le commencement ils sont principalement,
& deviennent par chascun jour plus Solaires. Donques la faveur
de tels Planetes doit estre heureusement recerchée pour tels
hommes. Et lors qu'ils aspirent, faut composer les medecines, &
habiter aux regions à eux subjettes. Mais, ô vous hommes lettrez,
studieux & serviteurs des Muses, je vous appelle & convie
principalement à l'Apollon guidon des Muses. Quiconques donc
entre vous, ô bien-aimez freres, en l'amour des Muses estendent
au loing leur valeur en beaucoup d'entendement, plustost que de
corps, que ceux-là sçachent certainement que jadis en leur
naissance Phebé leur a supedité[2] quelque peu de matiere, mais
que Phebus leur a supedité beaucoup d'esprit, voire mesme par
chascun jour les humeurs & les aliments pour la pluspart se
resoudre en esprit dedans le corps. Donques un chascun de vous
est presque tout esprit, je dy homme spirituel, masqué de ce

corps terrien qui sur tous autres travaille l'esprit d'un perpetuel
labeur, de sorte que plus qu'aux autres il luy faut journellement
recreer l'esprit, & encores en la viellesse, en laquelle commune-
ment il devient plus gros, il le faut rappeller à sa propre subtilité.
Certainement vous sçavez que le corps grossier est nourry des
quatre gros Elements.

Sçachez donques que le corps spirituel est aussi nourry de certains
siens elements plus tenues & deliez. Car le vin luy est au lieu de
terre, l'odeur du vin luy est pour eau, de rechef, le chant & le son
est son air, & la lumiere represente l'element du feu. Doncques
l'esprit est principalement nourry de ces quatre, je dy du vin & de
son odeur, & du chant & pareillement de la lumiere. Mais je ne
sçay comment ayans premierement commencé par Apollon, nous
sommes incontinent tombez en Bacchus. Et à bon droit certainement sommes nous parvenuz de la lumiere à la chaleur, de l'Ambrosie au Nectar, & de la contemplation de la verité en l'ardente
amour de la verité mesme. Certainement Phébus & Bacchus sont
freres, & compagnons inseparables. Cestuy-la vous apporte deux
choses principalement asçauoir la lumiere & la lyre. Et cestuy
encor principalement deux choses, le vin, & l'odeur du vin pour
recreer l'esprit, si que par l'usage journel d'iceux, l'esprit en fin
devient Phebéen & libre. Parquoy disposez vous par chascun jour
à recevoir la lumiere du Soleil de sorte qu'autant que faire se
pourra, evitans toutefois la distillation & l'assechement vous
viviez fort souvent sous la lumiere pour le moins au conspect de la
lumiere tant de loing que de pres, tant couvers que decouvers,
temperans pour vostre usage en tout endroit la vitale puissance du
Soleil, & par le feu representans le Soleil la nuit, n'oublians pas
ce pendant la Lyre & le chant. Or souspirez tousjours tant veillans
que dormans l'air vif, l'air vivant de lumiere. Il vous faut aussi
porter en pareil envers le vin present de Bacchus procrée par le
benefice d'Apollon. Doncques prenez le vin en mesme proportion
que la lumiere assez abondamment toutes fois de sorte qu'aucune
distillation ny assechement tel que j'ay dit, ny yvrongnerie ne s'en
ensuyve. Et en outre la substance du vin prinse deux fois par
chascun jour il faut bien souvent humer l'odeur en partie par la
bouche quand il faudra recreer l'esprit, la gargarisant de vin, &
en partie en lavans les mains, en partie aussi en frottant les
narines & les tempes. Ja mes freres nous avons assez devisé, &
assez beu ensemble. Donques je vous commande à Dieu.

NOTES

This anthology can be approached in many ways but it is perhaps best seen as a sampling, giving many opportunities for further reading and study. We do not wish to minimize the effort demanded of the reader and although our notes are designed to be helpful they are far from exhaustive. We have added a brief general bibliography and notes on the biography and bibliography of poets represented in the anthology. It is here that full details will be found of works not fully described in the notes.

In compiling the notes we have used especially the following works: Cotgrave, *A Dictionarie of the French & English Tongues*, London 1611 (Scolar Press facsimile 1968); Godefroy, *Dictionnaire de l'ancienne langue française du IXe au XVe siècle* (Paris, 1881–1902); Huguet, *Dictionnaire de la langue française du seizième siècle* (Paris 1925–67); Littré, *Dictionnaire de la langue française* (Paris 1873); Lewis & Short, *A Latin Dictionary* (Oxford, 1st ed. 1879). In interpreting classical allusions we have relied chiefly on: Lemprière's Classical Dictionary; *The Handbook of Classical Mythology* by E. Tripp (London 1970); Apollodorus, *The Library* ed. J. G. Frazer (Loeb eds. London, 1921); *The Myths of Hyginus* tr. and ed. M. Grant (Kansas, 1960). We have quoted extensively throughout the notes from *L'Harmonie du monde . . . Premierement composé en Latin par Francois Georges Venetien, & depuis traduict & illustré par Guy Lefèvre de la Boderie . . .* (Paris, Jean Macé, 1578).

Introduction

1. Pontus de Tyard, *Le Premier curieux*. Quoted from *The Universe of Tyard*, ed. Lapp, p. 1.

2. Peletier du Mans, *Euvres poetiques . . . intitulez Louenges* (1581), f. 72.

3. The very term 'scientific poetry' is of course a clumsy attempt, made very much after the event, at defining a recently 'discovered' poetic genre. In his *Traitté de la poésie morale, et sententieuse* (Paris, Sommaville et Chamhoudry, 1658), p. 38, Colletet gives the following definition of 'natural poetry':

> La Poësie naturelle est celle qui traitte à fonds des choses de la Nature, tant des Corps celestes, que des Corps sublunaires, & elementaires.

The list of examples which follows includes:

> Remy Belleau dans ses Changemens des pierres précieuses . . . Guy le Febvre de la Boderie dans les cinq Cercles de sa Galliade, & dans son Encyclie des Secrets de l'Eternité . . . Jean Antoine de Baïf, Jacques Pelletier du Mans, & Isaac Habert, dans leurs Meteores . . . René Bretonnayau Medecin dans son Esculape François . . .

4. Cf. Ronsard, *Abbregé de l'art poëtique François* (1565): 'Car la Poësie n'estoit au premier aage qu'une Theologie allegoricque.' (*Œuvres*, ed. Laumonier, Lebègue, Silver (Paris, 1914 to the present), XIV, 4. This edition will be referred to henceforth as Laum.)

At the beginning of his introduction to the translation of Giorgi's *De harmonia mundi* Nicolas, brother of Guy Lefèvre de la Boderie, suggests that there are four types of esoteric meaning (ẽ2r):

'Et sont celles-cy, la literale ou historienne, la Morale, l'Allegorique & l'Anagogique'. Cf. our Introduction pp. 19 ff.

5. Cf. Schmidt, 'Haute science et poésie française au XVIe siècle'.

6. It must be obvious that the attitude towards poetry implicit in the work of the unjustly despised Rhétoriqueur poets of the late fifteenth and early sixteenth centuries was based on the connection between sound and sense. Indeed the weaknesses of this poetry stem in great measure from a tendency to exaggerate the sound pattern and to overload poetry with ingenious jingles insufficiently related to the aim of the poet. A very similar connection between poetry and music continues into the mid-century and is born witness to by such works as Ronsard's preface to a collection of songs by various poets (1560-Laum. XVIII, 480 ff.):

Comment pourroit on accorder avec un homme qui de son naturel hait les accords? celuy n'est digne de voyr la douce lumiere du soleil, qui ne fait honneur à la Musique, comme petite partie de celle, qui si armonieusement (comme dit Platon) agitte tout ce grand univers.

and the same attitude reappears strongly towards the end of the century when many Rhétoriqueur poetic attitudes and genres, having been hidden away in the ever popular *Puys* and *Jeux floraux* reappear forcibly in the work of poets such as Lefèvre de la Boderie and Christofle Gamon (cf. D. B. Wilson, *Descriptive Poetry in France from Blason to Baroque*).

7. The idea of the four furies has been attributed to various sources: among others the commentary and arguments by Ficino to Plato's *Symposium, Ion* and *Phaedrus*.

8. Laum. III, 143.

9. *Deffence et Illustration de la langue francoyse*, ed. Chamard (Paris, 1948), p. 169.

10. Ficino, *De triplici vita*, translated by Lefèvre as *Les trois livres de la vie des studieux* (Paris, A. L'Angelier, 1581), ff. 3v–4r.

11. Laum. X, 300.

12. Laum. XIV, 195. The most comprehensive work on this subject is Klibansky, Saxl and Panofsky, *Saturn and Melancholy*.

13. Cf. especially the section on *The Poet as Magus*, pp. 128 ff.

14. *Encyclie*, pp. 169 ff. Examples of these anagrams are the transformation of Henri de Valois into *Dieu le Harnois*; Pierre de Ronsard into *se redorer Pindare* and Guidon Lefèvre into *L'un guide Orfée*.

15. Puy de Rouen. The Confrères de l'Immaculée Conception established in Rouen in 1486 the *Puy de l'Immaculée Conception de Notre-Dame* or *Puy des Palinods*. Poems (chiefly *chants royaux*, *ballades* and *rondeaux*) were presented at these competitions, the prizes for which were offered by the local gentry. Prizes were gained at Rouen by such different poets as Guillaume Crétin, Guy Lefèvre and Pierre Corneille.

16. *Deffence*, ed. Chamard (Paris, 1904 *not* the later ed. of 1948), pp. 201–2 and note.

17. Cf. our anthology pp. 142 ff.

18. Cf. Leo the Jew, *Dialoghi d'amore*, translated as *The Philosophy of Love* (London, 1937), pp. 112–14. The five reasons given here why truth should not

be expounded openly are: One, exalted secrets should not be revealed to all, as in the minds of the unfit 'true knowledge' becomes spoilt and adulterated. Two, the desire for brevity which is 'of great mnemonic use'. Three, the mingling of the pleasures of story and fable with intellectual truth. Four, to keep such truths accurate and incorrupt. Five, that, in a complicated and unstraight-forward presentation there is food for many different sorts of minds from the simplest to the most sophisticated, each gaining what he may and all wishing to preserve the whole, so that the kernel is willy-nilly preserved with the outward shell which may well seem more desirable to the vulgar.

19. Laum. III, 188.

20. *Twelfth Night*, II. iii. 1–12.

21. Du Bartas, *La Sepmaine ou Création du monde* (Paris, J. Février, 1578). The latest critical ed. is by Reichenberger (Tübingen, 1963).

22. Scève, *Microcosme* (Lyons, Jean de Tournes, 1562). This is included in the complete works of Scève which appeared in 1971 in 2 vols ed. H. Staub.

23. Peletier du Mans, *L'Amour des amours* (Lyons, Jean de Tournes, 1555); his *Euvres poetiques . . . intitulez louenges* (Paris, R. Coulombel, 1581) contain the *Louange de la Sciance*. Baïf, *Le premier des meteores* (Paris, R. Estienne, 1567). I. Habert, *Les trois livres des meteores* (Paris, J. Richer, 1585).

24. For the *prisca theologia* cf. especially D. P. Walker, 'The *Prisca Theologia* in France' and *The Ancient Theology*.

25. Hélène Naïs, *Les animaux dans la poésie française de la Renaissance* (Paris, 1961).

26. This poem also owes much to the celebrated ode by Ausonius, generally attributed to Virgil during the Renaissance: 'Ver erat, et blando mordentia frigora sensu . . .'

27. Cf. our n. 1 to Tyard's poem, (11) in this volume.

28. Castiglione, *Il libro del Cortegiano* (Venice, 1528), translated into English by Thomas Hoby in 1561. Of this treatise on how to become a courtier which is *ipso facto* a treatise on manners and customs at court, Book Four is largely devoted to a dialogue on love in which we have such subtle passages as the following, placed in the mouth of Bembo:

> Therefore the woman to please her good lover . . . may also lawfully and without blame come to kissing . . . For since a kiss is a knitting together both of body and soul . . . the reasonable lover woteth well, that although the mouth be a parcell of the bodie, yet is it an issue for the words, that be the interpreters of the soule, and for the inwarde breath, which is also called the soule . . . Whereupon a kisse may be saide to be rather a coupling together of the soule, than of the body . . . For this doe all chaste loveres covet a kisse, . . .

29. Laum. XI, 66–7.

30. For a concise if somewhat elementary account of this cf. E. M. W. Tillyard, *The Elizabethan World Picture*.

31. For a readable and easily accessible picture of the impact of Copernican discoveries on medieval science cf. Marie Boas, *The Scientific Renaissance 1450–1630*. A better but more complicated account appears in T. S. Kuhn, *The Copernican Revolution, Planetary Astronomy in the Development of Western Thought*, Harvard U.P. 1957. Lefèvre himself is certainly conscious of Copernican theories as we can see from his translation, 'Sur la sphere des révolutions de N. Copernic. Du latin de Corneille Gemma'. *Diverses Meslanges poetiques* (Paris,

Robert le Magnier, 1582), f. 71v. But then, as far back as in 1557 Tyard comments on Copernicus in his *Univers* (ed. Lapp, p. 105): 'Certainement, dit le Curieux, ses demonstrations sont ingenieuses & ses observations exactes, & dignes d'estre suivies.' Guy de Bruès cites him in his *Dialogues* (Paris, Guillaume Cavellat, 1557), p. 92 and in 1578 Du Bartas rejects his theories with some violence in the fourth day of his *Première Semaine* (lines 113 ff.).

32. Right at the beginning of his translation of Giorgi's *De harmonia mundi* Guy Lefèvre makes clear the all-embracing role of mathematics (p. 3):

Car toutes choses sont disposees par nombres, & pourtant sont tellement domestiques & familieres à tous, que rien ne leur contrarie: parce qu'estans alliez avec les essences d'enhaut, ils montent familierement aux celestes: & derechef besognent privement avecques les sensibles, & de là vestent diverses natures, & diverses manieres. Car le nombre lequel (comme dict Procule) est tousjours le mesme, toutes fois est autre en la voix, autre en la proportion des choses, autre en l'ame & la raison, & autre aux choses divines, & qui lié aux choses créées estant familier à Dieu est trouvé tresacomply. Or Themiste & Boëce parlant des choses plus basses donnent tel avantage au nombre, qu'ils n'estiment point qu'aucun sans iceluy puisse droictement Filosofer . . .Auquel s'accorde Platon disant en l'Epinomide: Si quelcun veut oster le nombre de la nature des hommes, il ne les laisse aucunement prudens, ni capables de science. Car l'ame ne comprendra rien sans raison, & aucun ne pourra donner raison des choses, lequel soit ignorant du nombre. Les arts semblablement, le nombre osté, s'evanouissent du tout: & ce qui est le principal, il asseure que le nombre est bien cause de tous biens, mais non pas d'aucun mal. D'où vient que celuy qui veut estre heureux, & qui desire de sonder & rechercher les choses celestes & divines, ne doit point ignorer le nombre.

33. Tyard's philosophic dialogues are: *Solitaire premier ou prose des Muses et de la fureur poetique* (Lyon, Jean de Tournes, 1552). *Solitaire second ou prose de la musique* (Lyon, Tournes, 1555). *Discours du temps* . . . (Lyon, Tournes, 1556). *L'Univers, ou discours des parties et de la nature du monde* (Lyon, Tournes, 1557). *Mantice, ou discours de la vérité de divination par astrologie* (Lyon, Tournes, 1558).

34. It is difficult to indicate a balanced critical work on this school of poetry but H. Guy, *Histoire de la poésie française au XVIe siecle. Tome 1: L'école des Rhétoriqueurs* (Paris, Champion, 1926) contains much information despite the critical obtuseness implied by his unfortunate and unsympathetic approach.

35. Prudentius, *Psychomathia* (fourth century A.D.)

36. Macrobius, *Commentary on the Dream of Scipio*. The edition we have used is the one edited by W. H. Stahl.

37. We quote from Jowett's translation. Cf. also F. M. Cornford, *Plato's Cosmology*, pp. 31–2.

38. Much of the following argument is expressed better and at greater length in Part Four of R. Wittkower, *Architectural Principles in the Age of Humanism.*

39. The lambda (Λ) is the eleventh letter of the Greek alphabet.

40. F. M. Cornford, *Plato's Cosmology*, p. 67.

41. Jean Mariette, *Histoire de Boèce* (Paris, 1715), II, 139.

42. An admirable account of this and other aspects of Renaissance music is to be found in D. P. Walker, 'Musical Humanism in the sixteenth and early seventeenth centuries'. Cf. also his *Spiritual and Demonic Magic.*

43. Laum. III, 143.

44. In this connection we can only refer the reader to *The Jewish Encyclopedia*, to the general study by G. G. Scholem, *Major Trends in Jewish Mysticism*, and to François Secret, *Les kabbalistes chrétiens de la Renaissance* (Paris, 1964), and *L'ésotérisme de Guy Lefèvre de La Boderie*.

1. Guy Lefèvre de la Boderie. Epistre dédicatoire. (*Encyclie*)

1. *mordre*. Attack.

2. *Moteur*. Creator.

3. *duisans*. Fitting (almost 'harmonious' here).

4. *entendre*. Understand. Might mean 'hear' in this context, by analogy with the harmony of the spheres.

5. *Boule Sférique*. Armillary sphere. Cf. Claudian (Loeb ed. II, 278–80) LI (LXVIII) (*Archimedes' Sphere*).

When Jove looked down and saw the heavens figured in a sphere of glass he laughed and said to the other gods: "Has the power of mortal effort gone so far? Is my handiwork now mimicked in a fragile globe? An old man of Syracuse has imitated on earth the laws of the heavens, the order of nature, and the ordinances of the gods. Some hidden influence within the sphere directs the various courses of the stars and actuates the lifelike mass with definite motions. A false zodiac runs through a year of its own, and a toy moon waxes and wanes month by month. Now bold invention rejoices to make its own heaven revolve and sets the stars in motion by human wit. Why should I take umbrage at harmless Salmoneus and his mock thunder? Here the feeble hand of man has proved Nature's rival."

One of the finest and best displayed collections of armillary spheres is in the London Science Museum. Cf. their illustrated booklet, *Astronomy, Globes, Orreries and other Models*. Strictly speaking, the Archimedes device seems to have been an 'orrery' rather than an armillary sphere, but the use of this word certainly would be an anachronism.

6. *Phebus . . . connus*. The Sun and Moon (often known as the two luminaries) and the five 'other' planets. Lefèvre refers to the five planets as the 'autres 5 planetes qu'ils appellent . . . estoiles pourmenantes'. From the viewpoint of the ptolemaic universe, at the centre of which is the earth, the stars are fixed even in their apparent movement, the sun and the moon move differently but in a regular fashion, whereas the five planets which had then been discovered move in a manner subject to 'brief intervals of westward or "retrograde" motion'. For a fuller explanation Cf. T. S. Kuhn, *The Copernican Revolution*, Harvard U.P. 1957, pp. 45 ff. The word 'planet' is itself derived from a Greek word meaning 'wanderer'. Macrobius in his *Commentary* (ed. cit., Book I chap. XIV, p. 109) calls all seven planets 'errant' and on p. 148 says: 'the errant planets were thus named by the ancients because they are borne along in their own course, moving from west to east in a contrary direction to that of the greatest or celestial sphere'

7. *pourra*. Do you think Archimedes *would* be able and God would *not* be able . . . ?

8. *les sept flambeaus*. Seven 'planets' of the ptolemaic world system, i.e. Moon, Mercury, Venus, Sun, Mars, Jupiter, Saturn.

9. *Florentin.* According to Godefroy means 'blanc, gris'. We find this obscure.

10. *Arche.* Ship.

11. *troupeau d'Epicure.* Proverbial phrase arising from misunderstanding of the doctrines of Epicurus, their restraints and simplicity.

12. *Temple.* Universe.

13. *tente licée. Tente = tenture, licée =* woven; hence *tente licée*—tapestry.

14. *aure.* Wind, especially South wind.

15. *madré.* Veined.

16. *caravelles.* Ships, vessels.

17. *Fouches.* Seals.

18 *Thins.* Tunny Fish.

19. *Fysitere.* Whale.

20. *Aigle . . . Soleil.* Bestiary legend refers to the eagle and the sun. Cf. T. H. White, *The Book of Beasts* (London, 1954), pp. 105 ff.

21. These dimensions of the universe occur variously in various texts. At the beginning of his *Natural History*, Book II, Pliny is particularly scornful of these attempts at calculating the impossibly immense. However Macrobius takes the matter more seriously—cf. his *Commentary*, ed. cit., pp. 170 ff.

22. *Modelle . . . trois.* God . . . Trinity.

23. *diligentée.* Fast.

24. Note this typical picture of the moon and its phases.

25. The characteristics of the planets are to be found in many texts. Cf. among others Pliny, *N.H.* II and Macrobius, *Commentary*, ed. cit.

26. *Stilbon.* Mercury.

27. Python. The serpent sent by Juno to persecute Latona, then pregnant by Jupiter. As soon as her children, Apollo and Diana, were born, Apollo killed the serpent with his arrows.

28. This epistle is dedicated to *Monseigneur le Duc d'Allençon frere du roy Tres-Chrestien Charles neufiéme.*

29. Note Lefèvre's fierce Christianity and his patriotism.

2. Guy Lefèvre de la Boderie. *Encyclie*, Cercle cinquieme

1. The *Encyclie* is presented as a dialogue between the *Secrétaire* and *Uranie*, referred to as *Muse* and *Celeste.*

2. *limiter.* Trace the outline of.

3. Marguerite de Navarre. *Les Prisons*, Livre second

1. *fine–finit.*

2. *force.* A sharp instrument, often similar to a pair of scissors.

3. celle. Cf. the use of *amye* in l. 6. We leave it to the reader to find his own explanation why the *Prisons* should have been written in the name of a male lover. It may be due to a vague and generalized Old Testament feeling—we should remember the importance attached to the Song of Solomon at this time, especially in cabbalistic circles. The problem has not yet been satisfactorily solved.

4. *lanier.* A kind of falcon.

4. Guy Lefèvre de la Boderie. *Encyclie*, Cercle huitieme

1. *dongé*. Fine. Word recommended by Ronsard. Cf. Huguet.

5. Rémy Belleau. *L'Huistre, à P. de Ronsard*

1. *nouë*. Swims.
2. This poem and the following one, *La Perle*, both make use of the legend of Aurora who was in love with Cephalus, who sighed and wept for him and whose tears turned into pearls. This they combine with the information given by Pliny, *N.H.* IX, liv who lays great emphasis on the relationship between the sky (who conceived the pearl) and its moods, and the colour of the pearl.
3. *Fait rougir*. Cf. n. 2.

6. Rémy Belleau. *La Perle, à la Royne de Navarre*

1. Cf. n. 2 on Poem 5 above.
2. Medical use of pearl. Cf. Pliny, *N.H.* XXXII, xxi.
3. Cleopatra. Cf. Pliny, *N.H.* IX, lviii.
4. *Marguerite*. Refers to Marguerite de Valois, Reine de Navarre, to whom the poem is dedicated.
5. *Ce Faucheur ailé*. Death.

7. Rémy Belleau. *La Pierre d'aymant ou Calamite*

1. For the lodestone and legends connected with it cf. Pliny, *N.H.* XXXVI, xxv. Much more important however is Lucretius, *De rerum natura* VI. Especially lines 906–1089. Belleau also makes use of Claudian's poem on the magnet, *Magnes* (Loeb ed. II, 234–9).
2. *sous le Crystal des cieux*. Most medieval pictures of the universe envisage it as a series of concentric spheres, made of crystal, each 'planet' revolving in its sphere round the earth. However, the tenth sphere of the medieval universe is often referred to specifically as the crystalline sphere. According to Aristotle (*On the Heavens*) the extralunar universe is filled with a single element, the aether, which is a crystalline solid. Cf. T. S. Kuhn, *The Copernican Revolution*, pp. 78 ff.
3. *De l'Aquilon . . .* from West to East.
4. *se cruche*. Curls up.
5. The belief that the world was dominated by and indeed created from contraries is to be found in very many medieval and Renaissance texts. Cf. D. B. Wilson 'Contraries in sixteenth century scientific writing in France' in *Essays Presented to C. M. Girdlestone* (Newcastle, 1960), pp. 349–68.
6. *spirables*. Able to breath.
7. *ourdis*. Woven.
8. *Airain*. Bronze is said to stop the magnetic force attracting iron to the lodestone. Cf. Lucretius, *De rerum natura* VI.

9. The constellation of the Bear in which is the Pole Star.

10. Arcas, son of Jupiter and Calisto, nearly killed his mother whom Juno, in her jealousy, had turned into a bear. Jupiter made for him a constellation with his mother. There are a number of variations on this legend.

11. *Septentrion*. North. Derived from the seven stars of the Little Bear, which includes the Pole Star. The Bear appears to revolve around the Pole Star and the imaginary line from this to Kochab, one of the 'Guards', can be seen as the hand of a clock. Cf. M. Boas, *The Scientific Renaissance*, p. 30; E. G. R. Taylor, *The Haven-finding Art*, London, 1956, pp. 145 ff. This fact was later used in the navigational instrument called the nocturnal. The names of the winds were commonly attached to the directions we would now identify by using the points of the compass.

12. This is a reference to the connection between winds and weather.

13. *Torpille*. Electric ray, cramp fish. Cf. Claudian, *De Torpedine*: 'Quis non indomitam dirae torpedinis artem . . .' (Loeb ed. II, 276–9).

14. *gravois*. Soil, gravel.

15. For medical aspects of the lodestone cf. Pliny *N.H.* XXXVI, XXV. Precious stones are often valued by Belleau for their properties as talismans. For a general analysis of this poem cf. Schmidt, *Poésie scientifique*, pp. 214 ff.

8. Guy Lefèvre de la Boderie. *Encyclie*, Cercle premier

1. *Thin*. Tunny-fish. Cf. Plutarch, 'Quels animaux sont les plus avisez, ceux de la terre, ou ceux des eaux' (*Moralia*, tr. Amyot).

2. Refers to the Zodiac. Capricorn: the first of the three signs corresponding to Winter. The Ram: the first of the three signs corresponding to Spring.

3. This extract is included for its arithmetic: '[les thons] sçavent ceste science des nombres parfaittement'. The cube has six sides. The *premier rang* multiplied gives the square and *en soy multiplié* gives the cube. The symbolism behind this is however more complicated. The diagram from Guy Lefèvre's translation of Giorgi's *De harmonia mundi* we reproduce on p. 23 makes clear the importance attached to the square and the cube which are the essential elements of the *lambda* to be found in the *Timaeus* (cf. above, p. 15).

9. René Bretonnayau. *Des Hemorrhoides, & leur cure*

1. *Saturne*. Those born under the sign of Saturn are melancholic by Nature. Cf. Klibansky *et al.*, *Saturn and Melancholy*.

2. *goutte potine*. There are many forms of *goutte*. I cannot trace this one.

3. *mere*. 'Wombe' (Cotgrave).

4. *vigne porrette*. 'Dogs Leeke, wild Leeke, French Leeke' (Cotgrave).

5. *morene*. 'The Emrods, or Piles' (Cotgrave).

6. *guymauve*. 'Marsh-Mallowe' (Cotgrave).

7. *melilot*. 'Plaister Claver, Harts Claver' (Cotgrave).

8. *mille-pertuys*. 'St Johns Wort' (Cotgrave).

9. *huile rosat*. Oil of roses (Cotgrave).

10. *ceruse*. 'White lead, wherewith women paint; differs from Lithargie . . .

for this is made of the grossest ead, as it is in the mine; that, of lead refined, out of the mine' (Cotgrave).

11. *moyeu.* Hub, centre.

12. *puciere graine.* Seed of 'the hearbe Fleawort ... (The seedes of that resemble fleas; the perfume of this doth kill them)' (Cotgrave).

13. *ré.* Possibly the stem of a leaf or plant.

14. *fresé.* Kneaded.

15. *s'accoise.* Calms down.

16. *pourpié.* 'The hearbe Purslane' (Cotgrave).

17. *jusquiame.* 'Weed Hogsbane or Henbane' (Cotgrave).

18. *senegré.* 'The hearbe, or seed Fenegreeke' (Cotgrave).

19. *cime.* 'Top or knap of a plant' (Cotgrave).

20. *pied de lievre.* 'Hare-foot Trefoile' (Cotgrave).

21. *seches.* 'The Sound, or Cuttle-fish' (Cotgrave).

22. *coupperose.* Red poppy.

23. *aloé.* 'Sea houseleeke' (Cotgrave).

24. *bougrane.* 'Cammocke' (Cotgrave).

25. *cyboule.* 'Hollow leeke' (Cotgrave).

26. *amer.* Gall.

27. *apparitoire.* 'Pellitorie of the wall' (Cotgrave).

28. *colocynthe.* 'The wild, the flegme-purging Citrull' (Cotgrave).

29. *aluyne.* 'Wormewoode' (Cotgrave).

30. *flame.* 'The blew Flowerdeluce (called otherwise) Garden flags' (Cotgrave).

31. *auronne.* 'Sothernwood' (Cotgrave).

32. *Brione.* 'Brionie, wild nep, tetter berrie' (Cotgrave).

10. Pierre de Ronsard. *La Salade, à Ama. Jamyn*

1. For this poem cf. Laum. xv, 76 ff.

2. Amadis Jamyn, a minor poet of the second half of the sixteenth century was at this time Ronsard's secretary.

3. *Boursette.* Lamb's lettuce. Herbal medicine of all sorts is dealt with by Pliny, *N.H.* xx–xxvii.

4. *Responsette.* Rampion.

5. Ovid, *Ars amatoria.*

6. *ma belle fonteine* (cf. Laum. xv, 77). Among other details in this poem this suggests to us that it was composed at Croixval, a benefice of which Ronsard became *prieur* in 1566. A small part of this priory still remains as part of a farm.

7. It is worth noting that the *fiebvre Quarte* which Ronsard suffered for about a year round 1568 is *par excellence* the melancholy fever.

8. Ronsard continually proclaims in his poetry his independence and love of liberty (cf. the preface of the *Trois livres du Recueil des nouvelles poesies* of 1564: 'La poësie est plaine de toute honneste liberté . . .'). However, such poems as the *Epitre au Cardinal de Lorraine* (Laum. viii, 328 ff.) show his intrigue to obtain an *abbaye* or even a bishopric in return for his promised *Franciade* and foreshadow his bitterness at seeing others preferred before him. Cf. D. Cuisiat, 'La Lyre crossée—un épisode de la vie de Ronsard', *Bibl. d'Hum. et Ren.* xxi (1969), pp. 467–80.

9. *pot de terre*. Man himself fashioned by the hand of God.

10. Cf. Virgil, *Georgics*, IV, 125 ff.

11. *Marre*. A cultivating tool.

12. Cf. Hesiod, *Works and Days*, 40 ff.

13. Note the quotation marks frequently used at this time to indicate particularly important sententious passages. This convention is often found in late Renaissance tragedies and particularly in editions of the plays of Garnier. It is intended to draw attention to the pithy nature of what are in effect *sententiae* or maxims or sayings, a genre of which the Renaissance was particularly fond.

11. Pontus de Tyard. *Les roses de son Isle*

1. This poem is an obvious reminder of the concluding lines of the *Roman de la Rose*. We quote from the version attributed to Clément Marot (ed. S. F. Baridon, Milan, 1954-7, II, pp. 483-4). Despite Baridon it is generally thought that this edition of the *Roman* should be attributed to Michel de Tours. Professor Mayer would support this view put forward by Weinberg.

> Par les rains saisi le rosier
> Qui plus fut franc que nul osier
> Et quant aux deux mains m'y peuz joindre
> Trestout souef et sans moy poindre
> Le bouton prins a eslochier,
> Car envys l'eusse sans hochier
> Toutes en fis pour escouvoir
> Les branches crouler et mouvoir
> Sans ja nul des grans despiécer,
> Car n'y vouloye riens blécier
> Et si m'en convint il a force
> Entamer ung peu de l'escorce
> Qu'autrement avoir ne scavoye
> Ce dont si grant désir avoye.
> A la parfin tant vous en dy
> Q'ung peu de graine y respendy
> Quant eu le bouton eslochié
> Ce fut quant dedans l'eu touchié
> Pour les fueillettes reverchier
> Car je vouloye tout cerchier
> Jusques au fons du boutonnet
> Comme me semble que bon est.
> Si fis lors tant mesler les graines
> Qu'elz se desmeslassent a paines
> Si que tout le boutonnet tendre
> En fis eslargir et estandre
> Vecy tout quant que j'y forfis,
> Mais de tant feuz je lors que fis
> Qu'oncques nul malgré ne m'en sceut
> Le doulx qui nul mal n'y penseut
> Ains me conceut et seuffre faire

Quant qu'il scait qui me doye plaire.
Si m'appelle il de convenant
Que je luy fis desavenant
Et fuz trop oultraigeux ce dit,
Mais il n'y met nul contredit
Qui ne preigne de baille et cueille
Rosiers et rames fleurs et fueille.

A further source of these lines is the ode, now thought to be by Ausonius and then attributed to Virgil, 'Ver erat, et blando mordentia frigora sensu . . .'

2. *Lydienne*. Sorrowful mode.
3. *Progne*. Swallow.
4. *Philomenne*. Nightingale.
5. *femme à Tithon*. Aurora.
6. *Cynabre*. Cinnabar (red).
7. Refers to the parted lips.

12. Agrippa d'Aubigné. *Stances*

1. *venir au ronge*. Cf. H. Weber's ed. of the *Printemps*, p. 213 (and p. 140). Weber gives the meaning *ruminer dans son esprit*. I would suggest that there is in this expression something of the idea of biting one's nails.

2. *lys vermeil*. Might refer simply to the red lily so often to be seen in the Old Testament but may well refer to a composite colour—the red and white colours of the flesh of the beloved. Cf. **13** line 4: *Les lys dessus son front, les roses* . . .

3. *ciel*. Tester.
4. *chaslit*. Bed frame.

13. Jean de Sponde. *Stances*

1. *pourfilent—profilent*.
2. *Phoenix*. Bestiary legend: the phoenix rises again from its funeral pyre.

15. Guy Lefèvre de la Boderie. *Encyclie*, Cercle troisieme

1. Humours and man. The correspondances between the four elements and the four humours are a commonplace of the period. Cf. among other refs. Tillyard, *Elizabethan W. P.*, Section 5, ii and iv.

Guy Lefèvre, in the *Epistre* to his translation of Giorgi's *De harmonia mundi*, makes clear the relationships between soul, body, humours, elements and the godhead (ã6v):

Et monstre comme l'homme bien encordé, & bien accordé a telle convenance avec toutes choses, en soy sommairement recueillies, qu'en toutes il peut ouvrer, & à toutes commander. Voire mesme estant uny à Dieu, le supreme Archimusée, peut estre exaucé à toute requeste qu'il puisse faire. Car la mesme Verité a promis, que Dieu fera la volonté de ceux qui le craignent: comme toute l'histoire sacrée, & les actes des Apostres, & hommes Apostoliques, avec les vies des Peres, nous en font ample & certaine foy. Mais helas! ceste concorde & Harmonie de l'Ame & du corps ensemblement est fort difficile à maintenir & conserver en bon temperament des quatre humeurs, qui sont les cordes de la Santé, & au Quaternaire de l'ame, qui est la Tetracorde de l'homme interieur, & encor beaucoup plus malaisée des deux ensemblement avec la supreme & divine Tetractyde, si le grand Esprit harmonieux, qui tempere, accorde, & unit la misericorde & la justice en l'Archetype, et qui comme dit Job, faict la paix aux hauts lieux, qui harmonise les Anges, accorde le bal & la danse des Cieux mesurée, entretient la mutation & vicissitude des quatre Elemens par discordans accords ou par l'accordée Discorde, comme disoit Empedocle, si dy-je cest Esprit d'amour & d'union ne s'entonne dans la Rosette de nostre Luth ou Guyterre, & y produise la doulce consonance des Vertus, & les Hymnes, Cantiques & motets spirituels, que continuellement nous devons Psalmodier d'esprit & de pensée, chanter de cœur & de bouche, & celebrer en vers nombreux & harmonisez pour rendre graces à celuy dond procede toute vraye concorde & harmonie, en vain nous tascherons d'y parvenir. Mais s'il luy plaist aspirer à nostre dessein, & s'inspirer en nostre sein, alors de voix & d'ame saine suyvrons les cheinons de sa cheine.

2. *Aï.* A wine-growing village (in the Marne) producing nowadays a champagne wine.

3. Even people of the same town, even twins . . .

16. Guy Lefèvre de la Boderie, *Encyclie*, Cercle second

1. *Echauguette*. Watch-tower.

2. Note use of number seven. The following passage from Nicolas Lefèvre's *Introduction sur l'Harmonie du monde* illustrates certain aspects of this number and indicates the transition from seven to twelve, for, as Nicolas Lefèvre says, 'la celeste masse . . . s'esjouit & delecte principalement du 7, du 9, du 12 & du 72.' (op. cit., ïlv)

Or pour rebrousser chemin & retourner au 7 combien qu'il n'y ayt region haut & bas, creature en l'Univers, ny science & discipline, où il n'ayt vigueur & puissance, si est ce que plus apparemment il la demonstre & faict sentir en la contrée celeste, où se pourmenent incessamment d'un mouvement reglé les non fourvoyans errans qu'on nomme planetes, lesquels versent icy bas pour l'amour de l'homme comme organes & instruments autant d'influence & vertu, que jouxte les 7 mesures sur-mondaines du S. Esprit, ils en reçoivent par le ministere & disposition des 7 Esprits & gouverneurs, qui contemplent continuellement la Majesté glorieuse. Et nonobstant que le septenaire en l'ordonance des nombres soit sterile & brehaigne, comme vierge & pucelle, pour n'engendrer rien au deça des dix, & n'estre engendré d'aucun nombre quotient & apparié, neantmoins pour estre composé du ternaire premier impair & du quaternaire premier pair, ainsi que des deux sexes masculin & feminin, d'où toute fecondité provient, outre laquelle ny en peut avoir de plus grande, il ne se faut estonner si les planetes distribuez selon les 7 jours de la semaine departent & eslargissent à toutes choses d'au dessoubs l'abondance & fertilité qu'ils hument par les sept Intelligences qui leur president, du nom terrible & merveilleux, qui contient en soy la raison du 3 & du 4, du 3 parce qu'il n'a que trois lettres, du 4 parce que l'une d'elles est repetée: C'est ce que le trois fois grand Mercure designe, lors qu'il dit de Dieu, qu'il est plein de la fecondité de l'un & l'autre sexe. Et est bien à noter que lors qu'on est parvenu au septieme en l'augmentation & accroissance des choses, que de là en après on s'avance d'un degré de perfection, puis cestuy-là par autre 7 à un autre tousjours suyvant le cours parfaict des six jours ouvrables & de travail au Sabbat & jour du repos, qui respond à l'un & l'autre Saturne tant celeste que sur-mondain, ou plustost à nostre Sauveur Jesuschrist qui est le Sabbat des Sabbats, & la porte pour entrer en l'octave de la vie future & bienheureuse. Raison pourquoy le bien aymé disciple & Secretaire de Dieu sainct Jehan veit 7 chandeliers d'or qui signifioyent les 7 planetes, & toute la force & vertu du septenaire, au beau milieu desquels estoit un semblable au fils de l'homme revestu d'une longue robe, par laquelle il a couvert toute nostre souilleure & vergongne. Or qui voudra equarrir le trois par le quatre, ou le quatre par le trois qui font sept, disant quatre fois trois, ou trois fois quatre, la douzaine en naistra, qui est le premier nombre accroissant, & comme veult Platon, le symbole de l'homme & de la Republique.

17. Eustorg de Beaulieu, *Le troisieme Blason, des Dentz*

1. *adjutoire*. Support.
2. *couche*. Record.

18. Bonaventure Des Periers. *Le Blason du Nombril*

1. *Chaine d'or*. The chain of being connecting man with God and the rest of the universe. Cf. Tillyard, *Eliz. W. P.*, Sections 4 and 5. The origin of this idea may well be with the golden chain let down by Zeus from heaven. Cf. Homer's *Iliad*, VIII.

2. *Poupine*. Baby.
3. *pollu*. Polluted.
4. *Quignet—coignet* (dim. of *coin*) corner.
5. *se musse*. Hides.
6. *ancienne Cicatrice*. Refers to the androgyne legend.
This comes from Aristophanes' speech in Plato's *Symposium* and is so frequent and dominant a theme during the Renaissance that it should be explained at some length. Antoine Héroët adapts the text of Plato in his poem, *L'androgyne de Platon nouvellement traduict de Latin en Francoys*, first printed in 1542 (Lyons, E. Dolet) in an anthology of pieces headed by Héroët's *Parfaite amye*. In 1547 Jean de Tournes published for the first time an often repeated anthology of such pieces entitled *Opuscules d'amour*. Cf. the facsimile reprint ed. M. A. Screech, S. R. Publishers 1970. In 1570 Jean Dorat, the mentor of the socalled Pléiade, publishes a curious text entitled *L'androgyne a Paris, le xxi juillet 1570* (Lyons, Michel Jove). This is in fact an account in Latin verse, with a translation into French, of the birth of a pair of siamese twins in Lyons at that date.
According to Plato's account of the legend, man was originally created as an

androgyne, male, female or hermaphrodite, a creature possessing four arms and four legs and able to progress by whirling round and round at great speed. Because of their might and strength, this race challenged the gods who reacted with typical ingenuity. Zeus decided to cut the androgynes in half so that they should walk on two legs and he instructed Apollo to give the face and neck a half-turn so that the creature might contemplate his old wound. Apollo then pulled the skin over the wound and tied it at the navel like a purse, taking out most of the wrinkles but leaving a few as a memento. However these pairs were then so eager to find and cling to their opposite numbers that they were incapable of doing anything else. In endeavouring to generate their species they merely spilled their seed on the ground. Their organs of generation were then also turned round to the front so that they were able to perpetuate their species, and after this they were more content, so that man meeting his female half could breed and continue the race and that men more spiritually inclined might meet their male halves and women their female halves, thus accounting for the three original sexes of androgynes.

7. *Homfenin.* Androgyne, hermaphrodite.

20. Maclou de la Haye. *Cinq blasons des cinq contentemens en Amour*

1. *superbe.* Proud.

2. The picture is of a half-closed eye with a black pupil and a white eyeball, a green iris beneath a silver lid.

3. Bestiary reference—both have keen eyesight.

4. *ciel.* Forehead.

5. That of the syrens who tried to lure mariners on to the rocks where they sang.

6. *Et qui . . .* Allows into its heart only those things which the chaste soul will permit to enter.

7. *voilles.* Eyelids.

8. *diserte.* Eloquent.

9. *non imitant.* Unlike the syrens i.e. not sending people to sleep.

21. Pierre de Ronsard. *Le Chat, au seigneur de Belleau*

1. For this poem cf. Laum. xv, 39 ff. Cf. also Schmidt, *Etudes sur le XVIe siècle,* pp. 138 ff. With this beginning which at first sight seems extremely 'neo-platonic', cf. Virgil *Aeneid,* vi, 726 ff. Cf. also Ronsard, *Hymne du Ciel* (Laum. viii, 140 ff.) and many other Renaissance passages.

2. *Sybilles.* Wise women.

3. *Augure.* For arguments for and against augury by birds and animals cf. Cicero, *De divinatione* i which quotes Aratos, probably a more direct source. Cf. n. 8 below.

4. A laurel tree. Daphne, changed into a laurel for having fled the advances of Apollo, was born in Thessaly. That Ronsard was in Croixval at this time is suggested by the poem by his secretary Jamyn, *Pour un laurier planté par M. de Ronsard en un lieu nommé Croixval.*

5. *Auton*. South wind; *Boré*. North wind.
6. *escrager—écraser*.
7. *esclandre*. Accident.
8. Belleau's translation of the prognostications and presages of the Greek poet Aratos was first published posthumously in 1578.

22. Guy Lefèvre de la Boderie. *Encyclie*, Cercle cinquieme

1. *roideur*. Speed.
2. Lefèvre's marginal notes make it clear that this passage refers to different types of movement: *Du mouvement Rond* (l. 447); *de bas en haut* (l. 459); *de haut en bas* (l. 465). The first type is associated with the extralunar, the second with the sublunar universe.
3. *le premier Ciel*. primum mobile. The ninth sphere.
4. *l'outre-passe—par excellence*.
5. *appéte*. Desire.
6. *s'agétte—s'agiste*. Lie down, rest.
7. *quarreau*. Bolt (crossbow).
8. *élochée*. Displaced.

24. Jacques Peletier du Mans. *La Lune*

1. *legeremant*. Quickly.
2. *voie ételee*. Starry way.
3. *ton Frere*. Phoebus Apollo, the sun.
4. *austres*. South winds.
5. Meteorological aspects of the sublunar universe affect the colour of the planets. Cf. Pliny, *N.H.* II, liv etc.
6. *apeticent*. Wane.
7. *cors mouvans*. Living organisms.
8. *avertineuses*. Lunatic.

25. Jacques Peletier du Mans. *Venus*

1. For an account of the planet Venus cf. Pliny, *H.N.* II, xxxvi ff. The orbit of Venus is actually within the earth's orbit so that it appears to swing to and fro in relation to the sun. When it appears in the morning before the sun it is called Lucifer, in the evening after the sun Vesper. Venus is invisible for periods ranging from 52 to 69 days according to Pliny and is the only planet apart from the sun and moon to cast shadows on the earth.
2. *fourriere*. Harbinger.
3. *Cines*. Venus is often represented in a chariot drawn by swans.
4. *moindres*. As Venus appears to be the brightest of the planets (especially as morning and evening star) she is regarded as the major planet after the sun.
5. *Fieres*. Animals (wild).
6. *Fousches*. Seals.
7. Note puns.
8. *estomac*. Chest.

9. *guignetes*. Lookouts.

10. *Tretisse—traitis*. Well made. Common 'descriptive' term in medieval accounts of feminine beauty.

11. *noir*. Pupil (eye) means the centre ring of target.

12. *longuete*. Oval.

13. *arc*. Eyebrow.

14. *s'entre sont eluz—se sont entr'élus*. Have chosen one another.

15. *s'antreguignent*. Make eyes at one another.

16. *specieuse* as opposed to *vrai*. A platonic idea.

17. *monde—*opposite of *immonde* i.e. pure.

26. Pontus de Tyard. *De ses affections*

1. *Cheval noir*—cf. below n. **32**, 29.

2. The spheres of Mars and Venus, the *couple adultere* referred to.

3. *pecune*. Cash.

4. *celle qui . . .* must be Erato. In his long discourse on the meaning of the names of the Muses, Tyard (*Solitaire premier*, ed. Baridon, Geneva, 1950, pp. 54 ff.) says: 'Puis Erato, qui peut, tirant son nom d'Amour, estre surnommée aimable . . .' Tyard speaks of the Syrens in the same treatise (pp. 50 ff.). He relates the legend we have here concerning the manner in which the Syrens challenged the Muses to a singing contest. The latter, having won, made themselves crowns from feathers plucked from the wings of their opponents.

5. Tyard's mistress, who has not been identified with any certainty, almost certainly lived in Macon—this is shown by other references in his poetry.

6. *quarlunaires*. Huguet, quotes these lines and simply adds a question mark. Might possibly mean 'weekly' (week = quarter of a month).

7. *lustre*. Five year period.

8. *Dieu Cyprien*. Cupid.

9. At the end of the poem the love element returns as by convention. It forms a relatively unimportant refrain to the poem which is mainly preoccupied with the strongly forged allegory with its basic antithesis.

27. Pierre de Ronsard. *L'Œuf*

1. *taye*. Membrane round the egg inside the shell.

2. *glere*. White of egg.

3. *aubin*. White of egg (cf. albumen).

4. *coque*. Shell. The commentary on this sonnet by A. Chastel, 'L'œuf de Ronsard', *Mélanges Chamard* (Paris 1951), pp. 109–11 does not illuminate the main difficulty of the poem which is that both *glere* and *aubin* mean the white of the egg. One is forced to adopt the lame explanation that here Ronsard has a confused memory of *aubin* in its application to the dawn and has therefore seen it as meaning 'reddish' and referring to the yolk. It is worth mentioning that in the Middle Ages and the Renaissance the egg-yolk is referred to as *le rouge*. Cf. Jérome Cardan *De la subtilité des choses* (Paris, Angelier, 1556), f. 93 recto: 'La couleur entre jaune et violette [est] comme le rouge des œufs, dite en Latin luteus.'

28. Pierre de Ronsard, *Hymne des astres, à Mellin de Saint-Gelais*

1. For this poem cf. Laum. VIII, 150 ff. Mellin de Saint-Gelais to whom this hymn was dedicated was a major court poet of the generation of Clément Marot. Ronsard quarrelled with him in 1550 and they were reconciled around January 1553. Saint-Gelais published an *Avertissement sur les jugements d'astrologie* (Lyons, Jean de Tournes, 1546).

2. *coupables—responsables.*
3. *flamboyent—flambaient.*
4. *Ains que.* As well as.
5. All round the sky.
6. *Chartre.* Prison.
7. The Titans' war against Saturn is often confused (as it seems to be here) with the Giants' war against Jupiter. The Giants pile mount Ossa upon mount Pelion to scale more easily the walls of heaven. Jupiter called in and armed Hercules and between them they defeated the Giants with a great hurling of thunderbolts etc. Enceladus, for example, was buried under mount Etna.
8. *Ourse.* Not clear. Might refer to Pole Star (cf. lines 54–7). Cf. Aratus. *Phenon.* beginning. There is a passing reference to the Bear in Claudian's *Gigantomachia.* (Loeb ed. II, 281 ff.).
9. *Borée.* The North (wind).
10. *huche.* Calls up.
11. *tout en-sursaut.* Rising up suddenly.
12. Zeus' buckler, made of the skin of the goat/nymph Amalthea who helped to bring him up.
13. *aimantin.* Iron.
14. *dames.* Mistresses.
15. *Typhis.* Pilot of the Argonauts who guided them along the Phase (the river of Colchito) and through the Cyanean rocks into the Euxine sea.
16. *guerets.* Fallow land.
17. *eschallatz etc.* Vine growing terms—staking the vine layers.
18. *arene.* Seabed (literally sand).
19. *Arachne.* A famous needlewoman.
20. *flumatiques.* Phlegmatic, listless.
21. *cauteleux.* Cunning.
22. The idea of 'the red sky at night'.
23. *qui pourroit—si l'on pouvait.*
24. *faut—fait défaut.*

29. Maurice Scève, *Blason du souspir*

1. *maignie.* My familiar companions.
2. *receleur.* Concealer.
3. For sighs and other physiological accompaniments of love in Scève cf. Dudley Wilson, 'Maurice Scève's Scientific Love poetry in his *blasons* and *Délie*', *Fr. Ren. St. in Honor of Isidore Silver*, Kentucky Rom. Qu. Spec. No. 1974.

30. Maurice Scève, *Délie*

1. The basic antithesis of a number of Scève's dizains is between body and spirit/soul. The whole 'psychological' background to the *Délie* is worked out by Saulnier (*Maurice Scève*, Paris, 1948, pp. 236–40) and by McFarlane (pp. 32 ff.) whose edition of the *Délie*, The *'Délie'* of Maurice Scève, Cambridge U.P. 1966 is essential to any intelligent reading of the sequence.

2. *emmy.* In the middle of.

3. *caligineux.* Foggy.

4. *obtenebre.* Darken, obscure.

5. *argue.* Accuse, contradict.

6. *Argus.* A many-eyed monster.

7. *Hydraule.* Water-clock. An interesting but 'difficult' description of their mechanism is to be found in Vitruvius *Architecture* Book IX. This dizain is a relatively straightforward exposition of the physiology of tears according to the Middle Ages. They came from the heart, up to the eyes and they fell back upon the heart.

The first four lines are based upon the mechanism of the water clock: 'Caused by a lack of pity my tears flow ever in a circle, causing a vacuum which is filled by my sighs.' Cf. Vitruvius whose lengthy exposition may help to explain this.

8. Cf. the *Blason du Souspir* n. **29** above.

9. *Asses plus long, qu'un Siecle Platonique.* Rather longer than a platonic year i.e. the period of time after which all the stars were supposed to return to their original positions.

10. *Hecate.* This brings up the whole background to the name, *Délie*. It is of course an anagram of *L'idée* but the reason for its being used is also involved in mythology. Delia implies the moon, Diana. The contrast between Diana, the moon and Apollo, her brother is not nearly as explicit in the sequence as it might have been but it does appear often enough in the background as a theme of light/darkness somewhat similar to the main theme of absence/presence. Delia is also seen as Hecate and this widens the range of available reference, for Hecate had power in Hell and presided over magic and enchantments.

11. Colour symbolism. Yellow = colour of consent. 'This white puffed out between the slashes [costume] is pure faith . . .'

12. *sentement.* Cf. n. **30**, 1.

13. The juniper is a symbol of perennial youth i.e. an everlasting love. Lethargy is here a medical term indicating a state of unresponsive and unreasoning coma.

31. Jacques Peletier du Mans, *A ceux qui blament les Mathematiques*

1. *deux Luminaires.* Sun and moon.

2. *Erraticques.* Cf. n. **1**, 6.

3. *contennee—contemnee.* Despised.

32. Guy Lefèvre de la Boderie, *Galliade*, Cerclè IIII

1. *Dis*. A god of the Gauls, the same as Pluto the god of hell. The inhabitants of Gaul supposed that they were descended from him. Caesar deals at some length with Dis and the early Gallic bards in *De bello gallico*, 6.

It is Lefèvre's connection with the patriotic movement which writes up the early French 'history' founded on the legend of Francus (cf. Ronsard's *Franciade*) which caused him to place so much emphasis on the Druids of early Gaul and the Bards who were their prophets. Even David is regarded by Lefèvre as their successor (cf. *Galliade* f. 83r). Lefèvre himself emphasizes this aspect of his writings frequently than nowhere more tellingly than in the preface to his translation of Cicero's *De natura deorum* (Paris, Abel l'Angelier), 1581:

> ... puis vingt ans en ça j'ay mis toute peine & diligence à moy possible, selon le petit talent qu'il a pleu à Dieu me prester, de dresser le fruit de mes estudes pour la confirmation de nostre religion Chrestienne & Catholique à l'encontre de ces autres Geants, qui s'efforcent de rebastir la tour de Babel, & escheler le ciel pour deschasser Dieu de son siege ...

The position of the Druids is examined in D. P. Walker, 'The *Prisca Theologia* in France', pp. 212 ff. *The Druids as 'Prisci Theologi'*. The whole of this extract from the *Galliade*, *Cercle IIII* is so fundamental to Renaissance views on music, mathematics and poetry that it is deserving of detailed study. It is a difficult and compressed text and can best be tackled by the reader when he has read and digested a number of works in our bibliography. Cf. especially Hutton, 'Some English Poems in Praise of Music'; Walker, 'Musical Humanism' and *Spiritual and Demonic Magic*. Cf. also our introduction pp. 14 ff. There is no effective short cut and our notes are designed to be helpful largely on matters of detail. The views of French Renaissance philosophers on music are perhaps best expressed in Tyard, *Solitaire second ou prose de la musique* (Lyons, Jean de Tournes, 1555).

2. *appariez*. Set out in pairs.

3. *dixiesme des Cieux*. There are many versions of the medieval picture of a concentric universe. In this case a tenth sphere refers to the sphere of the creator, the empyrium. It also may be held, however, to refer to the ten spheres of the *Sephiroth*, already set out by Lefèvre in his *Encyclie*, where he describes the *Tabernacle* and:

> ... les dix Sefiroth des dix meilleures (p. 144)
> ... Le neufiesme plus haut de Sagesse entourné
> Est de penser profond & de Vouloir orné:
> Mais celuy qui dans soy les autres environne,
> Se nomme l'Orient, le Rien, & la Couronne. (p. 145)

It is worth noting that Lefèvre expressed especial pride, in the *Epistre* to his translation of Giorgi's *De harmonia mundi*, at his having composed his eighth circle of the *Encyclie* before coming under the influence of Giorgi's work.

Furthermore in the fourth Circle of the *Galliade*, speaking of the 'quinziesme & derniere où se voit achevee/L'entresuite des voix au Systeme vocal', he suggests that this corresponds to the tenth sphere and that Christ has traversed all these spheres:

>   . . . comme on voit que le verre
>   Est des rais du Soleil tout soudain traversé
>   Sans que le verre soit ny fendu, ny persé,
>   Et monta par dessus les neuf ordres des Anges
>   Qui en nombreux accords résonnent ses louanges,
>   Jusqu'au cercle infiny de la Divinité . . . (f. 91v)

Cf. also Lefèvre's *Epistre* to his *Harmonie* (ã4v–ã5r):

> Parce, dict-il [Moïse], que les Sferes sont conjoinctes & enchainées par certaine alliance & sympathie avec les quatre Elemens, de sorte que la Sfere de la Lune meut l'element des eaux, la Sfere du Soleil celuy du feu, & la Sfere des autres 5 Planetes qu'ils appellent . . . estoiles pourmenantes, ensemblement liées meuvent l'element de l'air. Mais l'huitieme Sfere qu'ils nomment . . . la roue des Signes, meut l'element de la terre. En quoy il ne fait aucune mention des Cieux 9 & 10 soit qu'il n'en ayt estimé que 8 selon l'advis non seulement des vieux Egyptiens, mais aussi de Platon & d'Aristote deux lumieres de la Filosofie Gregeoise, ou soit qu'ils n'eussent servy à son propos, & pourtant qu'il les ayt passez souz silence. Car les autres doctes Hebrieux recognoissent l'un & l'autre, le 9 qu'ils appellent . . . la Sfere tournoyante, ou le premier mobile, & la dixieme ou Empirée qu'ils nomment . . . la Sfere d'Intelligence, comme moyen entre la matiere & la forme, entre le mouvement et le repos, & entre le temps & l'Eternité. [In this quotation we have omitted the phrases in Hebrew.]

It is of course a much simpler step to make the analogy between the idea of ten spheres and Apollo and the nine muses.

4. These 'singing sisters', one attached to each sphere of the universe, may also on occasion be the Muses whose leader is Apollo.

5. This insistence on the number seven, present in Plato's *Timaeus*, reappears in Macrobius' *Commentary* (ed. cit., pp. 108 ff.), as does the whole calculation of the *Timaeus* including the figure of the lambda. Cf. our introduction p. 15. Cf. also n. **36**, 1.

6. *sommet.* Refers to the Platonic lambda. Cf. our introduction p. 15.

7. *Hemiole.* A fifth. i.e. in the ratio of one and a half to one.

8. *Diapason.* Octave.

9. *Diapenté.* Fifth.

10. *Epitrite.* In the ratio of four to three.

11. *Diatessaron.* Fourth.

12. *Disdiapason.* Double octave.

13. *Epogdoue.* Epodic—i.e. a long followed by a short. For these terms see our introduction p. 15. There is a long account of the relation between mathematics and music, starting from Pythagoras and the *Timaeus* in Lefèvre's translation of Giorgi's *De harmonia mundi*, pp. 156 ff. (*Ton Cinquieme du cantique premier*). Pliny (*N.H.* ii; Loeb ed. i, 228–9) refers to the association between planets and modes but comments: 'iucunda magis quam necessaria subtilitate'.

14. *voix des Cieux.* Refers to the harmony of the spheres.

15. *Phénon.* Saturn.

16. *cas.* Broken.

17. *Phaëton.* Jupiter.

18. *Zedec.* Hebrew word meaning mercy; also, according to *A Dictionary of Angels* by Gustav Davidson (N. York, 1967): 'Zedkiel is the ruler of the zodiacal

sign of the planet Jupiter.' Unfortunately the references given in this dictionary are obscure or non-existent and its value is thereby considerably reduced.

19. *Pyrois*. Mars. The whole of this passage, with its unusual (Greek) mythological references, should be traced to Cicero, *De natura deorum*, II, xx. (Loeb ed., 172–5). The same references are to be found here and the same pun on the two meanings of *Palais*. Cf. Lefèvre's translation f. 48.

20. *Aguignant*. Making eyes at.

21. *Thoreau; Chevrecorne*. The Bull and Capricorn are the signs respectively of Venus and Mars.

22. *Stilbon*. Mercury.

23. The whole of this passage, based upon the number four is again a commonplace of Renaissance and medieval writing and thought. For a simple straightforward account see Tillyard, *Elizabethan World Picture* Part v, Sections iii and iv. Guy Lefèvre in the *Epistre* to his translation of Giorgi's *De harmonia mundi* speaks of (ã3v):

> ... l'Eschelle de Nature, comme dict Raymond Sebond, à savoir, l'estre, le vivre, le sentir, & l'entendre: ou comme les nomment les Hebrieux ... Le muet, le vegetable, le vivant, & le parlant, discourir par toutes les essences & natures contenues soubs la concavité de la Sfere de la Lune, comme sont les metaux, & mineraux, pierres precieuses & communes, herbes, arbrisseaux & plantes, Zoofytes ou Plantanimans participans de deux natures, à sçavoir, de la vegetable & vivante, comme les huitres & moulettes adherans aux rochers & coquilles: puis par la diversité innombrable des animaux privez, & sauvages, terrestres, aquatiques, & aeriens que les Hebrieux distinguent en quatre vocables, ... à sçavoir Beste privée, Sauvage, Poisson, & Oyseau ...

24. *fleuretis*. A kind of counterpoint.

25. *chevile*. Peg (of a stringed instrument).

26. *gaschee*. Worked.

27. *modes*. For the influence on the moods of these see our introduction pp. 16–17. Cf. also especially Walker, *Spiritual and Demonic Magic*. The following passage is from Lefèvre's translation of Giorgi's *De harmonia mundi* (pp. 4–5):

> Car par telle efficace & force secrette, conduicte de l'art de Musique, Pythagore, (au rapport de Ciceron & Boëce) retint & appaisa un jeune homme furieux par certains motets & mesures changees. Terpandre & Arion Metymnéem & Ismenie Thebain garirent par chansons harmonieuses, ceux là les Lesbiens & Ioniens: & cestuy cy plusieurs autres personnes affligées & tourmentées de grieves maladies. Aussi le son & retentissement des trompes & clerons allume les courages tant des gendarmes, que des chevaux: ... Semblablement la fureur du Roy Saül quand il montoit aux choses sacrees, estoit tellement moderee par la harpe de David, qu'il estoit ramené a son premier repos, & le malin Daimon chassé, lequel abbatu par telle Harmonie, ne peut endurer aucun accord certain, comme luy estant ennemy & contraire. Donc je pense que les chants & sons Harmonieux, ont esté introduits aux choses sacrees par ce Royal Prophete vray restaurateur des sacrez mysteres, & par les peres & devanciers qui ont cogneu tels secrets de Dieu & de Nature: Quelle force donc & quelle resjouissance doit on estimer estre en l'accord & Symphonie des choses naturelles & divines?

28. This mythological legend demonstrates literally that the playing of music in certain modes turns the mind/soul in a certain direction. When Agamemnon

went to the Trojan war he left his wife Clytemnestra under the guardianship of Aegisthus. For a while the music played and all was well. When the musician was stopped however, passion easily overcame Clytemnestra with disastrous results.

29. Refers to Plato's *Phaedrus* and Ficino's commentary on it which both feature the image of the soul as a chariot to which are harnessed a white and a black horse. As in Jowett's translation:

> . . . Now when the charioteer beholds the vision of love and has his whole soul warmed through sense, and is full of the prickings and ticklings of desire, the obedient steed [i.e. the white], then as always under the government of shame refrains from leaping on the beloved; but the other [i.e. the black] without heeding the blows of the whip, plunges and runs away, giving all manner of trouble to his companion and the charioteer, whom he forces to approach the beloved and to remember the joys of love. They at first indignantly oppose him and will not be urged on to do terrible and unlawful deeds; but at last, when he persists in plaguing them, they yield and agree to do as he bids them.

30. *eschauguette.* Sentry box.
31. *cauteleux.* Cunning.

33. Guy Lefèvre de la Boderie, *Sonnets*

1. These sonnets all come from Lefèvre's translation of Ficino's *De triplici vita.*
2. This series of maladies, which are all associated with the idea of melancholia and the life of the studious person appeared frequently in Elizabethan and seventeenth-century England and the fullest treatment of the theme is of course to be found in Burton's *Anatomy of Melancholy* which first appeared in 1621.
3. *Archimusee—l'Archimusée.* The supreme creator of harmony.
4. *quatriesme Sfér.* The sphere of the sun.
5. These correspondences between the planets and the ages of man are again a medieval commonplace and constitute one of the many links between the macrocosm and the microcosm, or man.

34. Pierre de Ronsard, *Hymne de l'Eternité*

1. For this poem see Laum. VIII, 246 ff.
2. *Orphée.* Cf. especially Walker, *Spiritual and Demonic Magic.* It is worth noting that 'OR' means light in Hebrew.
3. *Découvrir.* Disclose.
4. N.B. Philosophy in this poem rapidly gives way to the more popular genre of allegory.
5. *borderie—broderie.*
6. *aimantin.* Iron.
7. Saturn moves slowly, taking almost thirty years to perform his orbit around the sun. He is also the guardian of old age and is by temperament cold and humid.

8. *heritez.* Caused to inherit.
9. *succés de . . . réparations successives.*
10. *leviers.* Levers, here rods or staffs.
11. *journalliers.* Mortals.
12. *perclus.* Paralysed.

35. Pierre de Ronsard, *Elegie au Seigneur l'Huillier*

1. For this poem see Laum. x, 292 ff. Jérôme l'Huillier, seigneur de Maison-fleur was a soldier poet. He became a Huguenot in about 1566 and wrote a poem on the St Bartholomew massacre in 1572. Ronsard suppressed this dedication in 1567.

2. *caducque.* Ruined.

3. *Angevins.* Ronsard stayed for some while in Anjou, and Marie Dupin (said to be the Marie of the *Amours*) lived in Bourgueil.

4. *berceau.* According to a marginal note in the 1560 ed. 'Les anciens appel-loyent le poinson où l'on mect le nouveau vin le berceau de Bacchus'.

5. *Pegaze.* The spring of Pegasus.

6. *muguet.* An effeminate (perfumed) courtier.

7. *potirons.* Mushrooms (up in the night).

8. Charles, Cardinal de Lorraine, one of the most powerful personnages in France at this time.

9. *party.* Shared out.

10. *Roynes.* The queen mother, Catherine de Médicis, and Mary Stewart.

11. Robertet de Fresnes, secretary of State in the Ministry of Finance since 1557.

36. Guy Lefèvre de la Boderie, *Galliade*, Cercle III

1. The number seven is of course a 'magic' one and this can be seen in a multitude of texts. Cf. *inter alia* Macrobius, *Commentary*, ed. cit., pp. 100–17. There are equivalent passages in Lefèvre's translation of Giorgi's *De harmonia mundi* (cf. f. ēir and cf. n. **16**, 2). Even so, this work does not attempt to describe ecstasy in seven stages as we have it here. However the similarity between poets and prophets is noted (p. 661):

Ainsi quelques Poetes soit pour la grande amour de leur estude, ou pource qu'ils sont remplis de quelque vertu, ou pour quelque autre bonne raison à Dieu cogneue remplis de fureur ont quelquefois mis hors des secrets cachez, & quelquefois ont prophetisé.

It is true that prophecy is one of the four furies defined by Plato and by Ficino in his commentaries (cf. our Introduction n. 10) and this would indicate, not unexpectedly perhaps, some confusion of doctrine. Cicero, in *De divinatione*, notes the similarity between these two frenzies (1, 80. Loeb ed., 313). But neither he nor Iamblichus in Book III of his *Egyptian Mysteries* (devoted to divination) codify this frenzy in the manner adopted by Lefèvre. Cicero and Giorgi (p. 659 of Lefèvre's translation) both see prophecy as the product of dreams, visions or frenzy and both mention the passage from Plato's *Phaedrus* which Du Bellay imitates in the *Deffence et Illustration de la langue françoyse* (ed. Chamard, Paris, 1948, p. 169):

> Bien te veux-je avertir de chercher la solitude & le silence amy des Muses, qui aussi (affin que ne laisses passer cete fureur divine, qui quelquefois agite & echaufe les espris Poëtiques, & sans la quele ne fault point que nul espere faire chose qui dure) n'ouvrent jamais la porte de leur sacré cabinet, si non à ceux qui hurtent rudement.

For Giorgi as for Guy Lefèvre the final stages of such an ecstasy free the prophet from physical bonds and, through the kiss of holiness, lead him into the universe of true harmony. Giorgi, as Lefèvre, finds his true climax in an adaptation of the Song of Songs (in the *Ton septieme du cantique tiers: De l'harmonie de l'ame et du corps changee en mieux par le feu et resurrection*, pp. 707 ff. and especially pp. 795 ff.). Cf. n. **16**, 2.

2. Lefèvre, in the *Galliade*, adds to this the element of melancholy without which no Renaissance picture of the poet, the seer or the scholar can be complete. This theme of course has its origins in Aristotle, *Problems*, XXX and is fully discussed in Klibansky *et al.*, *Saturn and Melancholy*.

3. *coye.* Quiet.

4. *Ains.* But.

5. *sions.* Plants, scions.

6. *Zoroastre.* A Persian seer of the seventh to sixth centuries B.C.

7. *Orfée.* See previous note on Orphic writings (n. **34**, 2). *Mon Orfée* perhaps because of Lefèvre's anagram on Guidon Lefèvre—*L'un guide Orfee.*

8. *Epimenide.* A Cretan philosopher and seer of the seventh century B.C. Legend states that he spent 57 years of his life asleep in a cave.

9. *vent coulis.* Penetrating (slithering) wind.

10. Refers to various oracles. Cf. Iamblichus, *Egyptian Mysteries* Book III (especially Section II).

11. *Brancis.* Branchos was a favourite of Apollo and his descendants had charge of what was later called the oracle of Apollo Didymaeus.

12. *Diocletian.* Roman emperor (284–305 A.D.) famous especially for his persecutions of the early Christians. Finally devoted himself to the cultivation of his garden at Salone.

13. Note the sudden and moving introduction here of a passage translated from the Song of Songs. Cf. n. **36**, 1. It is a text continually referred to by the cabbala, especially in the *Zohar*.

37. Guy Lefèvre de la Boderie, *Hymnes ecclésiastiques*

1. For this poem cf. Secret, *L'ésotérisme de Lefèvre*, pp. 106–7. This poem is preceded by a reference to Pliny (*N.H.* XI, xxv–xxvii) and by the following passages from the *Zohar* (we quote them in the translation by Harry Sperling and Maurice Simon, 5 vols. London 1931).

(I, p. 63) It is written: *And the intelligent shall shine like the brightness of the firmament, and they that turn many to righteousness like the stars for ever and ever* (Dan. XII, 3). There was indeed a 'brightness' (*Zohar*). The Most Mysterious struck its void, and caused this point to shine. This 'beginning' then extended, and made for itself a palace for its honour and glory. There it sowed a sacred seed which was to generate for the benefit of the universe, and to which may be applied the Scriptural words 'the holy seed is the stock thereof' (Is. VI, 13). Again there was *Zohar*, in that it sowed a seed for its glory, just as the silkworm encloses itself, as it were, in a palace of its own production which is both useful and beautiful . . .

(II, p. 181) Or again, as the silkworm, that precious creature which produces from itself a fine thread out of which is woven the costliest kingly raiment, leaves behind before it dies a seed out of which it comes to life as before; so Israel, although they seemingly die, always re-emerge and persist in the world as before.

2. *dougee*. Fine.

3. *Seres* (Latin Seres). A people in Eastern Asia famous for silken stuffs. The (modern) Chinese.

4. Tente des dix Cieux. For the *dix cieux* cf. n. **7**, 2 and n. **32**, 3. Lefèvre makes it clear in the *Epistre* to his translation of Giorgi's *De harmonia mundi* (f. ã4v) that the word 'tente, ou pavillon' in Hebrew comes from the same origin as the word for 'Tabernacle'. This poem and the image of the silk-worm and its cocoon which dominates it symbolize the drawing together of threads from Jewish, Greek and Christian sources, together with the reference to the Latin of Pliny.

We must not however neglect a more material reason for the choice of this image. In Lefèvre's *Diverses Meslanges poetiques* (Paris, R. le Mangnier, 1582, f. 90r–91r) there is a series of three sonnets entitled, *Graces au Seigneur Papillon, Prince du Puy à Rouen, en l'an 1576, pour le prix de la Palme, & du Lis, obtenu par l'Autheur* followed by a *Response par Nicolas Papillon à l'Autheur*.

5. *grand Hebrieu*. Moses.

6. *Sephiroth*. Splendours. The ten Sefirot are the ten glorious emanations o the God-head, the first three from the world of thought, the next three from the world of soul, the next three from the body. The tenth is the sum of the activity of all the others. However, as might be imagined, the details of this doctrine vary. The *Zohar* for instance implies that these are the ten names of the Deity and that each sefirah corresponds to a name of God and of the hosts of angels mentioned in the Bible. Cf. *Jewish Encyclopedia* etc.

7. *triple monde creux*. Refers to the three spheres to be seen on the diagram we reproduce on p. 23 i.e. *Monde Angélique*; *Monde Céleste*; *Monde Corruptible*. A gloss on this poem is to be found in Lefèvre's *Epistre* to his translation of Giorgi's *De harmonia mundi* (ã4r):

Iceluy donques sous les trois Luminaires supremes, pour parler à leur mode, reconnoist & remarque les dix Sefiroth ou Sferes spirituelles, les dix Jerioth, ou Courtines du Tabernacle sur-mondain, dond l'exemplaire fut demonstré à Moyse dessus la montagne, & sur lequel il patronna & desseigna le modelle du sien, ainsi qu'il luy avoit esté commandé. Lequel comme au petit pied & en racourcissement figure & represente tant cest Archetype, que le Monde celeste, & Elementaire, & ensemble l'Homme que les Grecs ont proprement nommé Microcosme . . . Or que la façon du Tabernacle d'alliance, ou Temple deambulatoire se raporte en plusieurs conformitez à la Creation du monde . . .

8. For this *Autre Chant Royal*, really based on a description of an armillary sphere in crystal, cf. Secret, *L'ésotérisme*, pp. 109–10. The Claudian poem cited by Lefèvre (Loeb ed. II, 278) is the description of the armillary sphere already

quoted above (n. 1, 5). The Cicero reference is to a brief but similar passage in *De natura deorum* II, 88 (Loeb ed., 206–9).

This poem, although its basic sense is clear enough, contains a number of obscure allusions. Most of these occur in a passage from Jérome Cardan, *De la subtilité des choses* (Paris, Angelier, 1556, f. 322 verso) which therefore seems to us a direct source:

On récite que Sabor Roy des Persiens, fit construire de vitre une machine de telle façon tant grande, qu'il estoit assis au centre d'icelle, comme en la spherule & rotondité de la terre, voiant sous ses piés les astres, & les estoiles . . .

There follows a translation into French of the Claudian poem on Archimedes' sphere. Also cf. (f. 324r)

. . . l'Iliade d'Homere ecrite à une carte qui estoit comprise dedans l'escorce d'une noix . . . La statue de Memnon approche à une chose miraculeuse, laquelle toutefois que elle estoit illustrée du soleil levant, elle rendoit un grand son . . . l'ouvrage de Myrmecides . . . (f. 316v) Architas Tarentin . . . lequel outre la colombe de bois volante, laquelle il fit, comme on dit . . .

These quotations all come from Book XVII, *Des arts & inventions artificieuses* except for Architas who is in Book XVI, *Des Sciences*.

9. *Trepieds des Brachmanes antiques*. Tripods were used in many ancient rituals especially for sacrificial purposes. In addition the Brahmin religion is a triadic one. The specific reference eludes me.

10. *Memnon*. Refers to the Colossus of Memnon which made strange and unaccountable noises at dawn. Cf. Pliny, *N.H.* XXVI, xi.

11. *Myrmecide*. A miniature sculptor of Miletus or Athens. Cf. Cicero, *Academica* II, 120 (Loeb ed., 622–3). The name means 'son of an ant'.

12. *ceste noix qui l'Iliade enserre*. Cf. Pliny, *N.H.* VII, xxi, who cites an apparently lost work of Cicero: 'Cicero informs us that the Iliad of Homer was written on a piece of parchment so small as to be enclosed in a nut-shell.'

13. *erratiques*. The planets. Cf. n. 1, 6.

14. *ciel huitiesme*. Sphere of the fixed stars.

15. *Marc Marcel*. Refers to the taking of Syracuse by Marcellus in 212 B.C. In the aftermath of this siege Archimedes was killed by a soldier. The various engines constructed by Archimedes are legendary.

16. *équerre*. Mathematical set-square.

17. *le Troisfois grand*. God (Trinity).

18. The reference to Ovid, *Fasti* 6 is to the passage lines 291 ff. which forms part of Ovid's description of the Temple of the Vestal Virgins erected by Numa Pompilius. Plutarch in his *Lives* makes clear the cosmological significance of this Temple 'Numa, qui fit bastir le temple rond de la deesse Vesta—voulant representer . . . la figure du monde universel . . .' Cf. Ovid, *Fasti* VI, 269–80 (ed. J. G. Frazer, London, 1929, I, pp. 216–19).

The earth is like a ball, resting on no prop; so great a weight hangs on the air beneath it. Its own power of rotation keeps its orb balanced; it has no angle which could press on any part; and since it is placed in the middle of the world and touches no side more or less, if it were not convex, it would be nearer to some part than to another, and the universe would not have the earth as its central weight. There stands a globe hung by Syracusan art in closed air, a small image of the vast vault of heaven, and the earth is equally distant from the top and bottom. That is brought about by its round shape.

The form of the temple is similar: there is no projecting angle in it; a dome protects it from the showers of rain.

19. *poix—poix de Judée* is asphalt; cf. **1**, 18.

20. *l'antique Gent.* Egyptians.

21. '. . . the Judaical stone grows in Judea, in fashion like a Glans, white of very handsome form, having lines also answering one another as if made by turning.' Dioscorides v, 155 (Goodyear's translation). For this poem see Secret, *L'ésotérisme*, pp. 106 ff.

22. *Tournoir.* Lathe.

23. *le Dieu . . .* Apollo.

38. Marsile Ficin. *De la vie des studieux*

1. *Mercurial etc.* These correspondences are a medieval commonplace. Cf. Tillyard, *Elizabethan World Picture*.

2. *supedité.* Provided with (Huguet).

SELECTED GENERAL BIBLIOGRAPHY

BOAS, MARIE, *The Scientific Renaissance 1450–1630* (London, 1962).

Bouquet poëtique des medecins, chirurgiens, dentistes et apothicaires, ed. Pascal Pia (Paris, 1933).

CORNFORD, F. M., *Plato's Cosmology. The 'Timaeus' of Plato translated with a running commentary* (London, 1937).

GIORGI FRANCESCO, *De harmonia mundi,* translated by Guy Lefèvre de la Boderie as: *L'Harmonie du monde, plus l'heptaple de J. Pico de la Mirandole* (Paris, Jean Macé, 1578). With an *Epître* by Guy Lefèvre and an *Introduction* by Nicolas his brother who translated the *Heptaplus.*

HUTTON, JAMES, 'Some English Poems in Praise of Music', in Mario Praz, *English Miscellany,* 2 (Rome, 1951), pp. 1–63.

KLIBANSKY, RAYMOND, ERWIN PANOFSKY, FRITZ SAXL, *Saturn and Melancholy* (London, 1964).

KOYRÉ, ALEXANDRE, *La révolution astronomique—Copernic, Kepler, Borelli* (Paris 1961).

KUHN, THOMAS S., *The Copernican Revolution. Planetary Astronomy in the Development of Western Thought* (Harvard U.P. 1957).

MACROBIUS, *Commentary on the Dream of Scipio,* translated with introduction and notes by W. H. Stahl (New York, 1952).

SCÈVE, MAURICE, *The 'Délie' of Maurice Scève,* ed. Ian McFarlane (Cambridge, 1966).

SCHMIDT, ALBERT-MARIE, 'Haute science et poésie française au XVIe siècle' in *Etudes sur le XVIe siècle* (Paris, 1967), pp. 125–72. *La poésie scientifique en France au seizième siècle* (Paris, 1938). (ed.) *Poètes du XVIe siècle* (Paris, 1953).

SCHOLEM, G. G., *Major Trends in Jewish Mysticism* (New York, 1941).

SECRET, FRANÇOIS, *L'ésotérisme de Guy Lefèvre de la Boderie* (Geneva, 1969).

STAUB, HANS, *Le curieux désir. Scève et Peletier du Mans, poètes de la connaissance* (Geneva, 1967).

TAYLOR, E. G. R., *The Haven-finding Art. A History of Navigation from Odysseus to Captain Cook* (London, 1956).

TILLYARD, E. M. W., *The Elizabethan World Picture* (London, 1943).

TYARD, PONTUS DE, *The Universe of Pontus de Tyard. A critical edition of 'L'Univers',* ed. J. C. Lapp (New York, 1950). *Solitaire premier ou prose des Muses et de la fureur poetique* (Lyon, Jean de Tournes, 1552: Ed. S. F. Baridon, Geneva, 1950). *Solitaire second ou prose de la musique* (Lyon, Jean de Tournes, 1555).

WALKER, PERKIN, *Spiritual and Demonic Magic from Ficino to Companella* (London, 1958) (contains a revised version of Walker's articles, 'Ficino's *spiritus* and Music', 'Le chant orphique de M. Ficino'). 'Musical Humanism in the 16th and early 17th centuries', *The Music Review,* II (1941), pp. 1–13, 111–21,

220–7, 288–308; III (1942), pp. 55–71. 'The *Prisca Theologia* in France', *Journal of the Warburg and Courtauld Institutes* XVII (1954), pp. 204–59. 'Orpheus the Theologian and Renaissance Platonists', *Journal of the Warburg and Courtauld Institutes*, XVI (1953), pp. 100–20. *The Ancient Theology. Studies in Christian Platonism from the Fifteenth to the Eighteenth Century* (London, Duckworth, 1972).

WEBER, HENRI, *La création poètique au XVIe si ècle en France* (Paris, 1956).

WILSON, DUDLEY, *Descriptive Poetry in France from Blason to Baroque* (Manchester, 1967).

WITTKOWER, RUDOLF, *Architectural Principles in the Age of Humanism* (London, 1962—paperback ed.).

BIOGRAPHICAL AND
BIBLIOGRAPHICAL NOTES ON
INDIVIDUAL POETS

RÉMY BELLEAU (1528–77)
Generally regarded as a member of the Pléiade and thought of primarily as a
nature poet, Belleau is less well known for his scientific poetry than for such
anthology pieces as 'Avril, l'honneur et des bois et des mois . . .' which comes
from his pastoral in prose and verse, *La Bergerie* (1565). He provided a commentary to Ronsard's *Second livre des amours* (*Œuvres*, 1560) and translated Henri
Estienne's edition of the pseudo-Anacreon (1556). Schmidt (*Poètes du XVIe
siècle*), reprints the *Petites hymnes de son invention* (1556) and the *Amours et nouveaux
exchanges* (1576). He also deals with Belleau's scientific poetry in *La poésie
scientifique* (pp. 214–32).

RENÉ BRETONNAYAU (?–*c*.1585)
Born in Anjou, Bretonnayau moved to Loches in about 1563, where he exercised his profession as a doctor and produced his long poem *Esculape*. The
manuscript of this is lost, but in 1583 he published an extract including the
following treatises in verse: *La Génération de l'homme; La Conception de l'homme;
Le Temple de l'âme; La Fabrique de l'œil; Le Cœur ou le soleil du petit monde; Le Foye ou
le temple de nature humaine; Le Phrénétique; Le Mélancholique; La Pierre; La Colique;
Les Gouttes; Des Hemorrhoides*. Information on Bretonnayau can be found in the
anthology, *Le Bouquet poétique des médecins*, (pp. 99–101).

AGRIPPA D'AUBIGNÉ (1552–1630)
A protestant soldier poet, best known for his long satirical and allegorical poem
Les Tragiques (1616), D'Aubigné also published a historical work (*Histoire
universelle*, 1616–20) and a series of comic dialogues and anecdotes (*Les aventures
du baron de Faeneste*, 1617–30). The *Printemps* was not published until 1874. It is
a collection of baroque sonnets and *stances*, the sonnets being addressed to an
early love under the title, *Hécatombe à Diane*. The most accessible edition of his
works (not entirely complete) is the one by Henri Weber, *Œuvres* (Paris,
Gallimard, 1969). H. Weber devoted part of *La création poétique* to the *Tragiques*
and has published a critical edition of *Le Printemps* (Paris, n.d.).

BONAVENTURE DES PERIERS (1500–44)
Valet de chambre of Marguerite de Navarre, he is more generally known as a
prose writer than a poet. He published a collection of stories (*Les nouvelles
recreations et joyeux devis*, 1558) and a satirical work which was condemned and
burned (*Cymbalum mundi contenant quatre Dialogues Poetiques, fort antiques, joyeux
& facetieux*, 1537). His works were edited by L. Lacour in 2 vols (Paris, 1856).

EUSTORG DE BEAULIEU (1495/1500–52)

Eustorg de Beaulieu was private music master to various families in Tulle where he moved from Bordeaux in 1529 and in Lyons, where he lived until he left France for Switzerland in the late 1530's. Although he had been ordained a Catholic priest some time between 1522 and 1529, his *Divers rapportz* (1537) contained a number of anti-catholic poems and he abjured the Catholic Church, married and became a Protestant pastor once safely established in Switzerland. His later publications seem to be in part at least an attempt to atone for youthful follies, such as his blasons one of which we quote. His *Divers rapportz* were edited by M. Pegg (Geneva, 1964), and his blasons also appear in Schmidt, *Poètes du XVIe siècle*. For criticism see H. Harvitt, *Eustorg de Beaulieu* (N. York, 1921).

MACLOU DE LA HAYE (?)

We know virtually nothing of this poet other than that he was born in Picardy and was at one time *Valet de chambre du Roi*. There are traces of his presence in Italy in 1547. His *Œuvres poétiques* appeared in 1553.

GUY LEFÈVRE DE LA BODERIE (1541–98)

He was greatly influenced by Guillaume Postel whose lectures he attended at the Collège Royal in Paris. In 1568 he was asked to collaborate in the Plantin polyglot bible and his continuing obsession with things oriental and esoteric is indicated by the *Dictionnaire syro-chaldéen* and the *Grammaire chaldéen* which appear as Vol. VI of this work.

His two main poetical works are the *Encyclie* (1571) and the *Galliade* (1578). Both aim at presenting a unified picture of the universe, but each takes a somewhat different standpoint. The *Encyclie* consists of eight *Cercles* plus *Le Tabernacle*. In the first of these we have a pleasantly descriptive account of the animal kingdom. In the second, man's mortality and his soul, his sensual and nervous systems are examined. In the third are presented the laws of nature and the emotions in relation to the humours. The fourth *Cercle* deals with the whole of man's domestic and social existence, while the fifth returns to nature and the movement and roundness of the universe, and the sixth examines the sublunar universe. The seventh comes back to the theme of movement, working up to a contemplation of the Unity and the One. This is continued in the eighth circle which leads up to the climax of the *Tabernacle* wherein is the Godhead itself.

The *Galliade* also is divided into *Cercles*. Of these the first presents a general picture of the history of the world from Noah up to the present, the second deals rather disappointingly with the realm of architecture, the third is devoted to magic and its origin among the druids (here in particular we have wished in our selection to stress the seven stages of ecstasy), the fourth deals with music and the fifth is a history of poetry from its druidic origins to the present day.

Lefèvre's contributions to the Puy de la Conception de Notre Dame at Rouen and the other *Hymnes ecclésiastiques* (1578) testify to his profound if not always entirely orthodox judeo-christian mystical beliefs. Much of his work (especially the *Galliade*) is dominated by cabbalism and in this he was greatly influenced and encouraged by the translation he made of F. Giorgi, *De harmonia mundi* (1578). There are many references in his work to the *Zohar*. Other translations include Ficino's *Traité de la religion chrétienne* (1578), and *Trois livres de la vie*

(1581); Pico della Mirandola's *Harangue de la dignité de l'homme* (1578), and Cicero's *De natura deorum* (1581).

All in all it is Lefèvre's importance as a scientist, philosopher, mystic and humanist which accounts for his prominence in this anthology, one of whose main purposes is to make better known this neglected and fascinating figure.

Critical writings on Lefèvre tend to be scattered. F. Secret (*L'ésoterisme de Lefèvre*) concentrates much of his attention on the influence of Guillaume Postel. Relevant passages are also to be found in Schmidt, *La poésie scientifique* and in D. P. Walker's articles, especially 'The *Prisca Theologia* in France'.

MARGUERITE DE NAVARRE (1492–1549)

Greatly attached to her brother, François Ier, Marguerite de Navarre was at the centre of much of the literary, philosophic and religious life of the French court in the first half of the sixteenth century. At the same time she was also a mystic, a poet and a writer of *nouvelles*. Best known for the *Heptaméron* (1558-9), a collection of posthumously published short stories in the manner of Boccaccio, interspersed with semi-philosophic dialogues between the narrators, she also wrote dramas and a great number of poems, most of them devotional and mystical. Our extract comes from the *Prisons*, a long allegorical poem in which Marguerite expounds in extremely ambiguous terms her concept of a love which is at one and the same time divine and human. This poem appeared for the first time in Abel Lefranc's edition of the *Dernières Poésies* (Paris, 1896). There is available an excellent facsimile reprint of the 1547 edition of the *Marguerites de la marguerite des princesses* with an introduction by Ruth Thomas (S. R. Publishers, 1970, 2 vols). The fullest critical work on Marguerite de Navarre is still P. Jourda, *Marguerite d'Angoulême, duchesse d'Alençon, reine de Navarre* (Paris, 1931). A handy and useful selection from her *Heptaméron* is that edited in this series by H. P. Clive.

JACQUES PELETIER DU MANS (1517–87)

It has only recently been recognized that in Peletier we have one of the great thinkers and writers of the age and that it is perhaps he rather than Dorat who is the true master of the Pléiade. His importance as a mathematician is to be seen in the *Arithmetique* (1549), the *Algèbre* (1554), the *In Euclidis Elementa . . .* (1557), etc. He wrote on medicine, and on philology (in his *Dialogue de l'ortografe*, 1550). As a poetic theorist he is important for his translation of Horace's *ars poetica* (1542) and for his own *Art poétique* (1555) which is by far the most intelligent work of poetic theory to be published in France during the Renaissance. In his last work to be published, *Euvres poetiques intitulez Louenges* (1581) there is a long and interesting *Louange de la sciance*, dealing mainly with the seven liberal arts and especially with the quadrivium (arithmetic, astronomy, geometry and music), which is treated at length in the second part of the poem.

Our extracts come mainly from *L'amour des amours* (1555—republished in facsimile, Paris, 1926) which combines a series of love sonnets with a *Uranie* containing a number of poems describing meteorological and astronomical phenomena.

Critical information on Peletier is to be found in Weber, *La création poétique* (pp. 465–78), Schmidt, *La poésie scientifique* (pp. 7–69), Wilson, *Descriptive Poetry* (pp. 101–55) and Staub, *Le curieux désir* (pp. 11–34).

PIERRE DE RONSARD (c.1524–85)

Certainly the most important poet of the second half of the sixteenth century in France, his immense influence is demonstrated in M. Raymond, *L'influence de Ronsard* (1927). Although his shorter pieces and especially his love sonnets, in the cycles addressed to Cassandre (1552), to Marie (1555) and to Hélène (1578) tend to be his most popular works, the interest of his longer poems has become more and more compelling. From the earlier five books of pindaric and horatian odes (1550–2) he turned to petrarchan and then to anacreontic verse. A number of his hymns (1555–6) are scientific in that they evoke the universe and man's place in it. The first collected edition of his works appeared in 1560 and was followed by the controversial religious and political *Discours* of 1562–3. His *Abbregé de l'art poetique* (1565) was only one of a series of rather uneven and sporadic attempts to sum up what for him was the essence of poetry. His *Franciade* (1572), incomplete, was his only venture into the long epic, and his later poems, published notably in the fine folio *Œuvres* of 1584, are written in a strain of dignified, didactic eloquence. His work is immense and varied and there is at the moment no satisfactory anthology of it. The best all-round edition is that begun by Laumonier in 1914, continued by Lebègue and Silver and still in progress (published by Didier, Paris). We have found it impossible to select from among a bewildering mass of critical works.

MELLIN DE SAINT-GELAIS (1491–1558)

We know very little about the life and poetic career of this court poet who spent part of his life in Italy and who undoubtedly helped to spread Italian influence in France. His work seems to have circulated mainly in manuscript and the problems of producing an authentic edition of it have not as yet been solved. Although their poetry is not as similar as has been claimed, both he and Clément Marot write in a similar vein of events at court, and of love affairs which are often neither personal nor particularly romantic. Both are major poets writing in what may be seen as a minor mode.

The most recent edition is that edited by Blanchemain, *Œuvres complètes*, (Paris 1873, 3 vols) but it is far from reliable. So far no adequate critical work has appeared.

MAURICE SCÈVE (c.1501–post 1562)

Brought up in Lyons in a humanist atmosphere, in 1534 he published *Flamete*, a novel translated from the Spanish of Juan de Flores. He took part in the supposed competition for the best blason launched by Clément Marot in Ferrara and, according to Marot's *Epistre A celux qui apres l'Epigramme du beau Tetin en feirent d'aultres* (1536) this poet of whom Marot says, 'point ne le cognois, Fors qu'on m'a dit que c'est ung Lyonnois' won the prize offered by Renée of Ferrara with his blason of the *Sourcil*. Scève published five blasons, and in 1544 he published *Delie object de plus haulte vertu*, a long poem of 449 dizains probably inspired by the Lyonnese poetess Pernette du Guillet. It is from this work that we have chosen a number of dizains which show Scève's closeness to nature both in the sublunar meteorological world and in the cosmic extralunar universe. Considerations of space have not allowed us to quote any passages from the *Microcosme* (1562), a scientific poem in three thousand-line books. The first of these traces the history of the world from the creation to the death of Abel.

The second and third books continue this history and show the growth of civilization, man's technical achievements and the development of the arts and sciences.

The edition of the *Délie* most useful to the general reader is that by I. D. McFarlane, *The 'Délie' of Maurice Scève* (Cambridge, 1966). His complete works have appeared in the *Collection 10 x 18* (Paris, 1971) edited by H. Staub. The main critical work is V-L Saulnier's thesis, *Maurice Scève* (Paris, 1948).

JEAN DE SPONDE (1557–95)

A protestant follower of Henri IV, he abjured protestantism at the same time as his master. He was a humanist as well as a poet, and published editions of Homer, Hesiod and Aristotle. Although his poetry appeared only in anthologies between 1597 and 1604 it was nonetheless valued at the time and, since his rehabilitation in the 1930's he has been regarded as a major baroque poet and even as a French metaphysical. Valuable critical work on Sponde has been done in particular by A. Boase and H. Ruchon who edited his *Poèmes* (Geneva 1949), with an excellent introduction.

PONTUS DE TYARD (1521–1608)

Tyard's poetry consists largely of the *Erreurs amoureuses* (1549) and the *Vers lyriques* (1551). Most of it is love poetry, mainly in sonnet form, and it bears singularly little sign of the intense philosophic activity which resulted in his various prose dialogues. His *Solitaire premier* (1552) is in many ways an adaptation of Ficino's commentary on the *Symposium*. His *Solitaire second* (1555) is a long and in parts obscure series of reflections in dialogue form on the part played in the universe by music, both *musique mondaine* and *musique humaine*. His *Univers, ou discours des parties et de la nature du monde* (1557) is a scientific examination of the universe as seen by the Middle Ages and early Renaissance. Tyard is in fact much more important as a prose writer, embodying many of the more important neoplatonic strivings of his age than he is as a poet. He is in many ways the philosophic mentor of the Pléiade.

His *Œuvres poétiques complètes* were edited by J. C. Lapp (Paris, 1966), who also edited *The Universe of Tyard, a critical ed. of L'Univers* (N. York 1950). For criticism see K. Hall, *Pontus de Tyard and his 'Discours philosophiques'* (Oxford 1963).